ARCHITECTURE RELIGIEUSE GOTHIQUE

REMPART
1, rue des Guillemites
75004 Paris

DANS LA MÊME COLLECTION

Déjà publiés

Châteaux forts, images de pierre des guerres médiévales, d'André Châtelain.

Places fortes, bastion du pouvoir, de Nicolas Faucherre.

Monastères, des pierres pour la prière, de Michel Bouttier.

Vitrail, art de lumière, de Françoise Perrot et Anne Grandboulan.

Navires, mémoire de la mer, de Louis Le Roc'h-Morgère.

Costumes, modes et manières d'être, de Delphine Pinasa.

Demeures médiévales, cœur de la cité, de Pierre Garrigou Grandchamp.

Gares, ateliers du voyage (1837-1937), de Christiane Scelles.

Chemins et ponts, lien entre les hommes, de Jean Mesqui.

Quartier cathédral, une cité dans la ville, d'Yves Esquieu.

Canaux, rivières des hommes, de Pierre Pinon.

Chants et instruments, trouveurs et jongleurs au Moyen Âge, de Claude Riot.

Monnaies médiévales, de Jean-Philippe Cormier.

Villes neuves, urbanisme classique, d'Antoine de Roux.

Moulins, maîtres des eaux, maîtres des vents, de Jean Bruggeman.

Patrimoine rural, reflet des terroirs, d'André Châtelain.

Costumes, tome II, Sculptures de l'éphémère, 1340-1670, de Viviane Aubry.

Glossaire du patrimoine

Ameublement d'église, Quotidien de la liturgie, de Catherine Arminjon.

DIRECTEURS DE LA COLLECTION : André Châtelain, Nicolas Faucherre.
RESPONSABLES D'ÉDITION : Claudine Aubrun et Sandrine Levain.

DU MÊME AUTEUR

La Collégiale Notre-Dame de Cléry, Inventaire général des monuments et richesses artistiques de la France, Orléans, collection « Images du Partimoine », n° 106, 1992.

« Un édifice inachevé par essence ? », dans *la Cathédrale inachevée, Saint-André de Bordeaux*, en collaboration avec Jean-Pierre Duplantier, Bruno Fayolle-Lussac, Jacques Palard, Espace 3, Bordeaux, Éditions Confluences, 1998.

La Cathédrale Saint-André de Bordeaux, Éditions du Patrimoine, collection « Itinéraires du Patrimoine » (à paraître 2001).

L'Abbaye de la Sauve Majeure, Éditions du Patrimoine, collection « Itinéraires du Patrimoine » (à paraître janvier 2001).

ISBN : 2-904365-36-2
ISSN : 0736-6875

ISBN : 2-220-04866-7

PATRIMOINE VIVANT

Philippe Araguas

ARCHITECTURE RELIGIEUSE GOTHIQUE

Diversités régionales

XIIe-XIVe siècle

REMPART

DESCLÉE DE BROUWER

CATHÉDRALES ET PRINCIPAUX ÉDIFICES RELIGIEUX GOTHIQUES CITÉS DANS L'OUVRAGE, DANS LES LIMITES DE LA FRANCE ACTUELLE

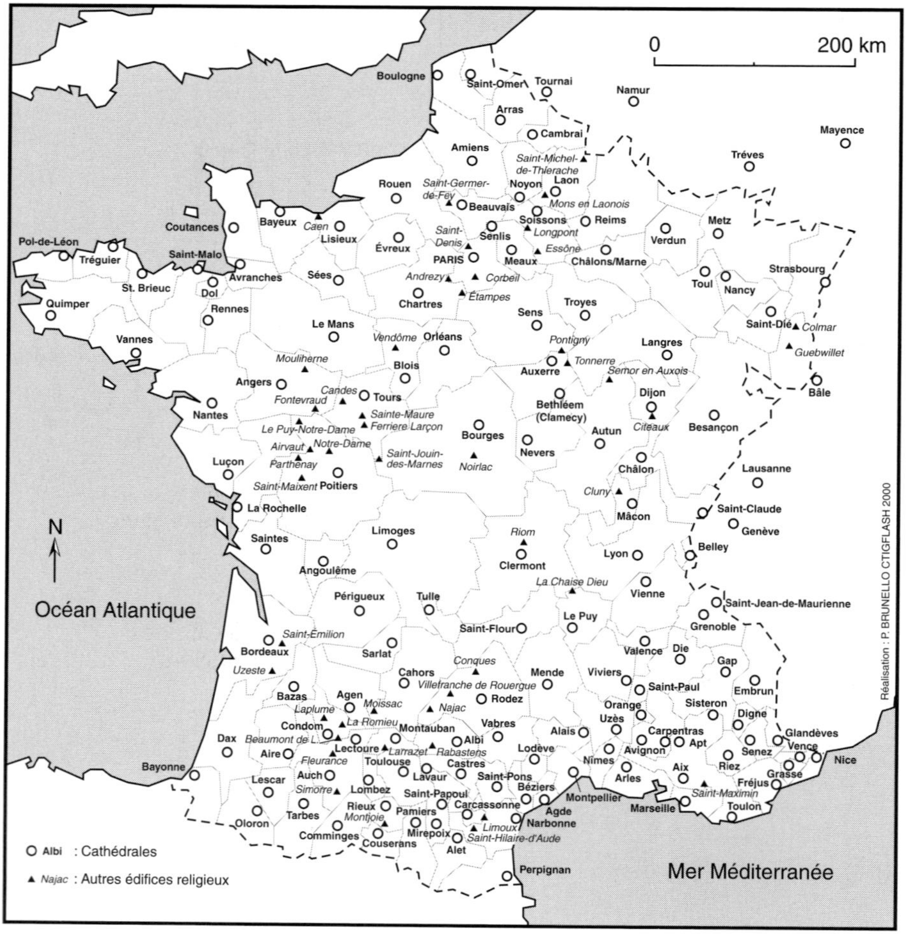

Sommaire

INTRODUCTION

Le gothique : une architecture plurielle

Le terme « gothique », forgé au XVIe siècle pour désigner l'architecture du Moyen Âge, toutes périodes confondues, a vu, au cours du XIXe siècle, son champ d'application se réduire comme peau de chagrin. Le style « roman » lui a ravi quantité de monuments qui prennent place entre les productions artistiques des « Carolingiens » et des « Mérovingiens » et celles des XIIIe, XIVe et XVe siècles dans lesquels se concentre l'essentiel des chantiers des églises gothiques.

Ainsi délimité par amputations successives, le domaine du gothique est encore très vaste et recouvre des réalités infiniment diverses, même si l'on en limite l'application au seul domaine de l'architecture. Le concept de style gothique ne saurait en effet se borner à l'image restrictive qu'a forgée auprès du grand public près d'un siècle de vénération des édifices qui en sont l'expression la plus spectaculaire : les grandes cathédrales d'Île-de-France et de Picardie et leurs émules des grandes cités occidentales du XIIIe et du XIVe siècle. Ces admirables monuments sur lesquels se sont concentrés, au service d'une Église toute-puissante, les efforts gigantesques des villes et de leur arrière-pays, méritent incontestablement la place que leur accordent tous les manuels généraux d'histoire de l'architecture ; il n'en reste pas moins que ces arbres magnifiques cachent une forêt à laquelle la diversité des essences confère un attrait considérable. À l'évidence, le gothique, loin d'être un langage unique imposé par on ne sait quel pouvoir politico-culturel, est une mosaïque d'idiomes qui enrichissent une *koinè* dans laquelle chacun se reconnaît sans s'y confondre.

I Diversité du gothique

Fonction : diversité des églises

Il ne fait aucun doute que la diversité des formes que revêt l'architecture gothique est une conséquence directe de la variété des fonctions assignées aux églises. Entre la cathédrale, siège épiscopal et église mère du diocèse, et la chapelle castrale ou celle d'une communauté de moniales cloîtrées, la différence première est fonctionnelle : ce sont les attentes auxquelles doivent répondre les constructions qui en premier lieu façonnent les formes architecturales.

Cathédrales

Plan de la cité de Paris par Jean de la Caille, 1714.

Au sommet de la hiérarchie, la cathédrale reste à l'époque gothique la pièce maîtresse d'un vaste ensemble

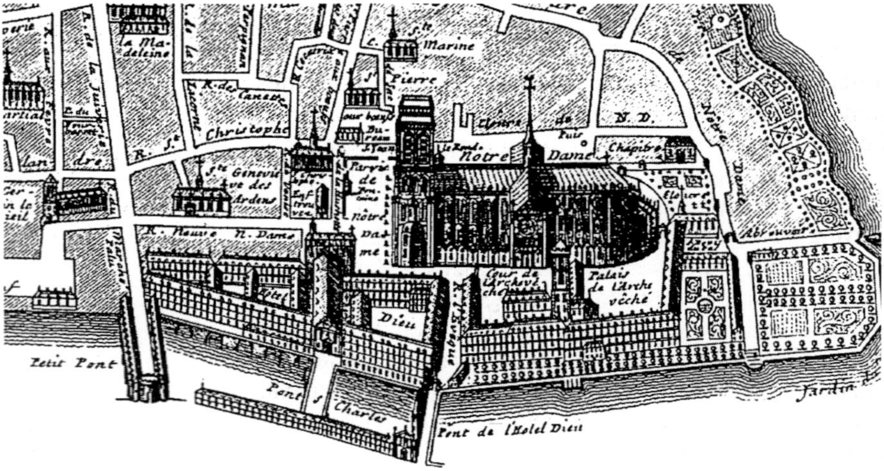

épiscopal qui comprend encore le palais de l'évêque, l'enclos réservé aux chanoines et l'Hôtel-Dieu. Elle a absorbé depuis longtemps le baptistère, qui est logé au sein même de la cathédrale où il voisine avec le sanctuaire, le chœur des chanoines, l'église des fidèles du diocèse et celle de la paroisse. Ces fonctions multiples de la cathédrale en tant qu'édifice religieux sont doublées par celles tout aussi considérables dévolues au monument par la place prépondérante qu'il occupe dans la cité : la cathédrale est ainsi forum, palais de justice, voire même champ de foire ou terrain de jeux, si l'on en croit les prescriptions épiscopales visant à réglementer l'utilisation que l'on faisait de l'enceinte sacrée jusqu'à la Contre-Réforme. Ces multiples usages ne trouvent pas systématiquement à s'exprimer par des espaces autonomes, mais chacun influe sur le parti architectural adopté : les vastes transepts répondent à la nécessité de ménager des vestibules, les diverses tours à celle de différencier beffroi urbain et clocher liturgique ; quant aux multiples chapelles du chevet ou de la nef, elles sont imposées par la place accrue donnée aux dévotions particulières, à la vénération des reliques et des images sacrées, quand elles ne servent pas tout bonnement à pallier l'absence de vestiaires, de sacristies ou de magasins de meubles sacrés ou profanes.

Collégiales

La complexité de ces fonctions est moindre dans les collégiales, qui constituent l'essentiel du corpus des grandes églises urbaines. Contrairement à ce qui se passe dans les cathédrales, le pouvoir du chapitre des chanoines y est sans partage, puisque l'évêque ne s'y manifeste que lorsqu'il est invité à le faire. Ces collégiales urbaines sont souvent très vastes parce que très riches, et rivalisent avec les cathédrales qu'elles supplantent parfois dans la hiérarchie de fait : c'est le cas de Saint-Sernin à Toulouse, Saint-Seurin à Bordeaux, Saint-Remi à Reims ou Saint-Ouen à Rouen. Leur statut beaucoup plus « privé » les met à l'abri des empiétements opérés par les laïcs et, de ce fait, leurs dispositifs architecturaux requièrent moins d'espaces annexes ou de compartimentation intérieure.

Églises monastiques

Les églises monastiques sont quant à elles toujours organisées en fonction d'un schéma imaginé au début du IXe siècle dans le monde carolingien. Le modèle amplement diffusé par Cluny répondait si précisément aux exigences de la vie monastique que même les ordres mendiants nouvellement créés en fonction d'impératifs différents de ceux assignés par saint Benoît au VIe siècle finirent par l'adopter. Le cloître, qui, tout en assurant un lieu de recueillement, distribuait efficacement les espaces dévolus à la vie des frères, constituait le centre d'un dispositif que flanquait, généralement au nord, l'église proprement dite. Celle-ci, que l'on désigne du nom d'abbatiale, prieurale ou collégiale en fonction du statut de l'établissement auquel elle est rattachée, peut affecter des dispositions identiques à celles des plus grandes cathédrales. Les bénédictins, dont le primat au sein des ordres monastiques commençait à souffrir d'une concurrence certaine, n'hésitaient pas à mettre au goût du jour avec emphase leurs vieilles fondations, comme le montre l'histoire de Saint-Martin de Tours dont le chœur fut reconstruit au début du XIIIe siècle à l'imitation de celui de la

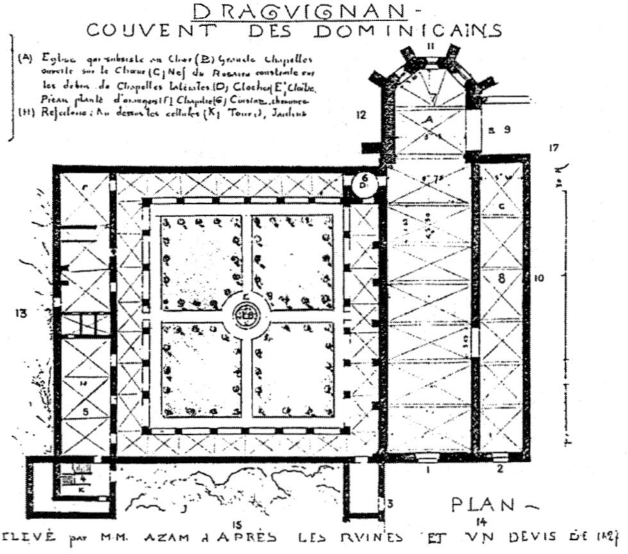

Plan du couvent des dominicains de Draguignan (Vaucluse), XIVe siècle.

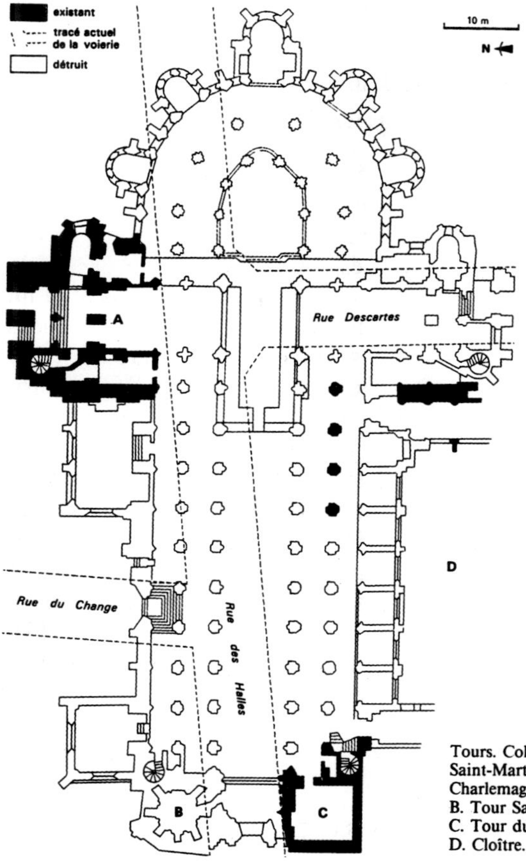

Tours. Collégiale Saint-Martin. A. Tour Charlemagne.
B. Tour Saint-Nicolas.
C. Tour du Trésor.
D. Cloître.

Saint-Martin de Tours (Indre-et-Loire), église abbatiale : le chœur déambulatoire et chapelles rayonnantes, aujourd'hui détruit, vient se greffer à la nef romane.

cathédrale de Bourges, et les cisterciens eux-mêmes, qui prônaient la modération dans les premiers temps de l'ordre, ne résistèrent pas à la *libido aedificandi* que condamnait Pierre le Chantre, doyen du chapitre de Notre-Dame de Paris. Nés du même refus du monde que les moines blancs, les chartreux semblent avoir mieux résisté aux séductions de l'architecture gothique et leurs églises, en dépit de la faveur que connut l'ordre auprès des puissants dans la deuxième moitié du XIVe siècle, restèrent relativement modestes ; leurs cloîtres, en revanche, atteignent des dimensions considérables du fait de la nécessité de distribuer les cellules individuelles des moines. Les

Pontigny (Yonne), l'église abbatiale vue du sud-est.

formules adoptées par les ordres mendiants, franciscains, fondés en 1223, dominicains en 1215, carmes en 1223, augustins regroupés en congrégation en 1256, sont parfois assez originales mais généralement plus modestes et toujours très pragmatiques dans leur parti général. À côté de leur objectif de prédication et d'enseignement, l'une des missions essentielles assignées aux ordres mendiants était de restaurer le prestige de la liturgie sacrée et notamment de l'Eucharistie ; de là des nécessités assez contradictoires, puisque la séparation des moines et des laïcs allait de pair avec la nécessité de dégager la vue sur le sanctuaire. Dans certains cas, le souci de séparer la communauté des moines ou des moniales de celle des fidèles conduisit à adopter des dispositifs spatiaux très spécifiques (double nef, chœur haut, chœur à l'arrière de l'autel). Le succès rencontré par ces nouveaux ordres et la garantie de salut qu'ils semblaient promettre aux fidèles firent que leurs couvents étaient fortement convoités par les fidèles en tant que lieu de sépulture. En 1227, l'obtention par les dominicains de l'autorisation d'inhumer dans

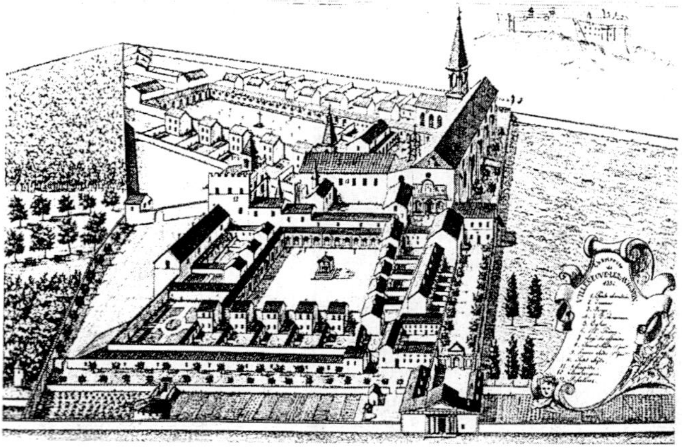

Villeneuve-lès-Avignon (Gard), chartreuse Notre-Dame-du-Val-de-Bénédiction, vue cavalière.

leurs églises déchaîna une véritable frénésie de construction de chapelles funéraires qui affecta bientôt l'ensemble des églises, toutes catégories confondues. Il fut dès lors indispensable pour retenir les plus fortunés des fidèles de pouvoir leur offrir la possibilité de loger les morts de leur famille dans des chapelles annexes : de là la prolifération des chapelles entre les contreforts, qui ceinturent les nefs à partir de la deuxième moitié du XIIIe siècle.

Églises de pèlerinage

Les pèlerinages, qui suscitèrent la mise au point d'un type architectural extrêmement élaboré au cours du XIe siècle, continuaient à exiger la construction de vastes édifices pourvus d'amples collatéraux et de déambulatoires : le schéma des églises dites « de pèlerinage » est du reste celui qu'adoptent la plupart des grandes cathédrales qui sont *aussi* des lieux de vénération des reliques. Dans les campagnes, l'absence de reliques prestigieuses est suppléée par l'abondance des sources miraculeuses ou autres lieux de dévotion prenant leurs racines dans le paganisme. Dans les derniers siècles du Moyen Âge se multiplient les petites églises isolées dans lesquelles la miséricorde divine ou la protection des saints se manifeste par des miracles, guérisons, apparitions, inventions miraculeuses de reliques. La conséquence en est un foisonnement de sanctuaires mineurs dont le rayonnement est relativement limité sauf intervention de quelque prince.

Le Folgoët (Finistère). Une source miraculeuse est à l'origine de cette chapelle mariale de la fin du XIVe siècle qui a bénéficié d'une reconstruction financée par le duc Jean V en 1423 ; le plan complètement atypique vise à intégrer la source à la chapelle en prolongeant celle-ci par une sorte de transept au sud du chœur à chevet plat.

Églises paroissiales

L'essentiel du considérable corpus des édifices gothiques est cependant constitué par les églises paroissiales qui par milliers furent construites, reconstruites ou modifiées au cours de la période gothique. Elles assurent la continuité sans faille de la production architecturale, constituent les centres de formation de base des tailleurs de pierre et des maîtres maçons, les lieux d'expérimentation, d'échange ou d'adaptation de formules architecturales nouvelles, les écoles d'art où se forment les regards et les goûts des fidèles qui orientent en définitive la commande. Tous les courants architecturaux y trouvent leur écho, et parfois leur origine, aussi est-il impossible d'en concevoir une présentation d'ensemble. Il est, en revanche, utile de préciser quels étaient les modes de gestion et les fonctions de ces églises paroissiales entre le XIIe et le XVe siècle. On peut considérer que le XIIIe siècle est l'âge d'or de la paroisse ; dégagée en grande partie de l'autorité civile et seigneuriale qui obérait son autonomie à l'époque romane, l'église paroissiale de l'époque gothique est avant tout celle de la communauté des fidèles ; elle n'est subordonnée à l'évêque, au diocèse et à ses archidiaconés que par le truchement de son ou de ses desservants. C'est à cette époque qu'apparaissent les conseils de fabrique qui témoignent de l'émancipation de la mainmise cléricale. Il y a tout lieu de penser que c'est également dans la deuxième moitié du XIVe siècle que se met en place un mode de gestion de la bâtisse que l'on peut observer dans certaines régions à la fin du Moyen Âge : au clergé revient l'entretien du sanctuaire, aux paroissiens celui de la nef ; les chapelles qui là aussi se multiplient sont naturellement à la charge de leurs bénéficiaires, clercs, seigneurs, bourgeois ou confréries.

L'église paroissiale est avant tout lieu de réunion et de célébration eucharistique, une grande salle abondamment éclairée suffit à l'accomplissement de ces fonctions ; le cimetière, le clocher apparaissent comme les seuls accessoires obligés de cette première maison commune qui constitue souvent l'unique refuge sûr en cas de coup de main des gens de guerre ou de rapines des maraudeurs : de là les fréquents aménagements défensifs dont elle est l'objet. On peut affirmer que, statistiquement parlant, les églises paroissiales qui reproduisent au petit pied les dispositifs des cathédrales ou des grands édifices attachés à des fondations prestigieuses sont très largement minoritaires : la plupart des bas-côtés sont des adjonctions nécessitées par le gonflement démographique, les transepts ne sont souvent que de faux transepts constitués par des chapelles plus ou moins symétriques ouvrant à l'avant du chœur, et les dispositifs complexes du chevet ne se justifient, lorsqu'ils existent, que par la coexistence de la paroisse et d'une dévotion particulière.

Diversité des terroirs

Face à l'homogénéité apparente du corpus constitué par les grandes églises, les églises paroissiales développent des traits de caractère profondément enracinés dans leur terroir. Ces « topiques » doivent beaucoup à la nature des sols et des sous-sols sur lesquels sont établies les constructions : le granit breton et le tuffeau tourangeau, la brique du Toulousain et les roches volcaniques du Velay contraignent les constructeurs à favoriser telle ou telle formule architecturale. Les modes et les techniques évoluent et s'adaptent à ces matériaux, donnant naissance à des formules d'une profonde originalité difficilement exportables : les voûtes angevines à nervures multiples et forte-

Sainte-Mère-Église (Manche). Le toit en bâtière et la tour de croisée, héritière des grandes tours lanternes romanes, sont caractéristiques du gothique rural normand.

Charpente d'église, Lignol (Morbihan) : les entraits des fermes étaient visibles même lorsque des lambris masquaient le chevronnage.

ment bombées retombant sur de frêles supports sont inconcevables dans un matériau autre qu'un calcaire léger et aisé à façonner en blocs de petites dimensions, et les savantes charpentes de certaines églises bretonnes marquées par le savoir-faire des charpentiers de marine doivent leur existence au désir de rivaliser avec les couvrements de pierre plus prestigieux mais difficiles et coûteux à mettre en œuvre en granit. Les traditions purement culturelles n'ont pas une moindre importance dans cette diversité des églises paroissiales : les clochers en bâtière « signent » la silhouette des églises normandes, les couvrements de tuile romane résistent fortement dans le Sud-Ouest à la vogue des toitures aiguës « à la mode de France » et les vastes nefs uniques des grandes églises gothiques du Midi prennent leur inspiration dans des édifices conçus aux XIe et XIIe siècles. Ce sont ces topiques

qui forgent en grande partie la variété des styles gothiques ; ils se combinent avec les mutations du goût, qui sont plus difficiles à cerner mais qui au long de trois siècles d'histoire donnent à voir l'architecture française comme un grand kaléidoscope.

Les « planettes » des chapelles rayonnantes de la cathédrale de Bordeaux (Gironde) (vers 1300) sont le seul trait méridional de ce chevet conçu selon les formules du gothique septentrional.

Évolution : diversité des temps historiques

Lorsque l'architecture gothique naît, au milieu du XIIe siècle, de la dialectique entre accident et nécessité qui se développe dans le monde relativement clos de l'Angleterre, de la Picardie, de la Normandie et de l'Île-de-France, l'Occident chrétien est sans nul doute dans une phase de prospérité soutenue par une démographie en pleine expansion. La richesse du clergé, tant régulier que séculier, est considérable ; l'alliance des « trois ordres » : moines, soldats, paysans, est sans faille ; la civilisation occidentale voit se développer dans un même élan la sidérurgie et la poésie des troubadours ; la sculpture romane est à l'apogée de sa production et le grand commerce avec l'Orient habille de soie les puissants, épice leurs mets et enrichit les trésors des églises. La rivalité qui s'instaure entre les grands prélats et les princes, qui sont leurs bras armés et les garants de leur puissance, est une compétition courtoise qui stimule l'inventivité et enrichit chaque camp des victoires de l'autre. En 1982, Jean Bony a clairement montré comment les relations personnelles des commanditaires sont une clef essentielle pour la compréhension de l'éclosion du gothique qui, contrairement à ce qu'affirmait Viollet-le-Duc dans sa vision déterministe du monde, aurait pu « tout aussi bien ne pas exister ». Cet âge d'or, qui correspond à ce qu'il est convenu d'appeler le « *premier gothique* », couvre la seconde moitié du XIIe siècle et aboutit à la mise au point de formules architecturales spécifiques à l'Île-de-France et à la Picardie, qui s'expriment dans un ensemble de solutions structurelles et décoratives donnant corps au style « *gothique rayonnant* » dans les premières décennies du XIIIe siècle.

Les succès accumulés, tant dans le domaine intérieur que hors des frontières du royaume par les rois capétiens de la première moitié du siècle, allaient contribuer à conférer à la personnalité de Saint Louis (1226-1270) un rayonnement extraordinaire et à convertir sa cour et sa capitale en un foyer de création qui modela incontestablement le goût de la deuxième moitié du siècle. Le règne des derniers capétiens est auréolé de la gloire du saint roi et le fléchissement de l'activité économique, le tassement démographique, les revers de la chrétienté d'Orient, qui font percevoir dans les années 1280 des craquements annonciateurs de désastres, ne sont pas encore perceptibles dans le domaine de l'architecture. Aux environs de 1250, les architectes du domaine royal produisent leurs plus admirables chefs-d'œuvre. L'effondrement en 1284 du chœur en construction de la cathédrale de Beauvais est un commode jalon pour marquer le terme de cet âge d'or et le début d'une période de difficultés qui s'étend sur un siècle et demi.

La chrétienté, qui avait surmonté le conflit entre la papauté romaine et l'Empire, allait dans un premier temps être déséquilibrée par la captation du pouvoir pontifical par des prélats trop étroitement soumis au roi de France : l'élection de Clément V en 1305 porte en elle les germes du grand schisme (1378-1417) qui allait se combiner aux querelles dynastiques des descendants de Saint Louis. En 1337, le refus d'hommage du roi d'Angleterre Édouard III au roi de France Philippe VI de Valois, allait entraîner ces deux pays, et par les jeux d'alliances, leurs voisins dans un interminable conflit, la guerre de Cent Ans (1337-1453). Au cœur de ce drame politico-militaire, en 1347, éclatait la peste noire, dont les ravages réduisirent d'un tiers en moyenne la population européenne, l'épidémie se prolongeant par des réactivations sporadiques jusqu'au début du siècle suivant. De tels désastres auraient eu raison de la civilisation occidentale s'ils avaient été généralisés, mais dans ce monde dramatiquement atteint par des calamités sans nombre se formaient des bulles de paix ou du moins de prospérité : des régions entières comme la Bretagne ou le Béarn furent épargnées par les ravages de la guerre ou de la peste. Certaines couches sociales, princes et bourgeois, surent concentrer en leurs mains les richesses des victimes, tandis que les prélats avignonnais redistribuaient dans leurs diocèses les énormes bénéfices de la Curie. Ce « long XIVe siècle » n'est donc pas, contrairement à l'image que veut en donner une historiographie souvent catastrophiste un siècle de stagnation, mais plutôt un siècle de redistribution.

Ce n'est guère avant le milieu du XVe siècle que l'on peut constater un nouvel essor de la production architecturale, lié, dans les pays ravagés par la guerre, à la nécessité de reconstruire, et, partout ailleurs, à un nouvel élan économique et démographique. C'est sur des bases nouvelles établies pendant le « long XIVe siècle » que le gothique flamboyant instaure sa prépondérance sur la France des années 1450-1550. Un volume de cette collection étant consacré à ce « *gothique flamboyant* », nous nous contenterons ici de n'évoquer que très brièvement cette phase ultime de l'histoire de l'architecture gothique.

II Esthétique du gothique

Les multiples facteurs de diversité que nous venons d'évoquer pourraient faire douter de la valeur du concept de « gothique » pour définir l'architecture des années 1150-1550 en Europe occidentale et il est vrai qu'il ne peut correspondre à quantité de monuments de la période et de l'aire géographique évoquées : il s'applique difficilement à l'architecture militaire, trop dépendante d'impératifs qui échappent à une logique purement constructive ou décorative, et il n'est pas pertinent pour caractériser l'architecture ou certains éléments de décor de nombreuses églises ou chapelles qui perpétuent délibérément des traditions purement romanes. Ce terme recouvre une réalité d'ordre stylistique que rendent perceptibles au premier abord les composantes techniques d'un édifice donné : arc brisé, voûte d'ogives, arcs-boutants ; s'y ajoutent les éléments décoratifs des réseaux de nervures au tracé géométrique qui constituent le remplage des baies ou organisent le décor mural, et un parti pris esthétique dominé par un certain élan vertical ou du moins une légèreté apparente, un désir de lumière et le naturalisme figuratif de la sculpture et de la peinture. Tous ces traits se combinent et se cumulent dans les grandes cathédrales franco-picardes du XIIIe siècle ; ailleurs, dans d'autres catégories d'édifices, dans d'autres régions et à d'autres époques, ces critères de définition du gothique apparaissent et s'articulent selon des modalités extrêmement variées au point que l'on a pu douter de la pertinence de l'emploi du terme pour désigner quantité d'édifices trop éloignés du paradigme rémois ou amiénois. Vivian Paul s'est insurgée contre cette vision trop restrictive du gothique et a su montrer comment les édifices à nef unique du midi de la France, qui perpétuent une tradition fortement ancrée dans le monde méditerranéen, relevaient pleinement du style gothique dans la mesure où eux aussi visaient à réconcilier les exigences du voûtement avec des espaces intérieurs vastes et lumineux et des structures légères.

Porte de la chapelle du palais des rois de Majorque à Perpignan (Pyrénées-Orientales) (vers 1310). La voussure plein cintre de l'arc de couvrement est courante dans l'art roussillonnais du XIVe siècle et marque l'attachement de l'architecture méridionale aux formules romanes.

L'espace gothique

Ces deux derniers critères, espace et structure, sont effectivement fondamentaux à prendre en compte mais également plus difficiles à saisir et à traduire dans le langage traditionnel de l'histoire de l'art. Le maniement des notions spatiales et structurelles est resté longtemps l'apanage des architectes : Viollet-le-Duc a construit sa conception de l'architecture gothique sur une approche essentiellement technique des structures, qui a quelque peu tendance à réduire les édifices à d'admirables « mécanos » conçus par des bricoleurs de génie. Robert Branner a intégré à l'analyse des archéologues de la première moitié du XXe siècle, comme Émile Mâle, Henry Focillon ou Robert

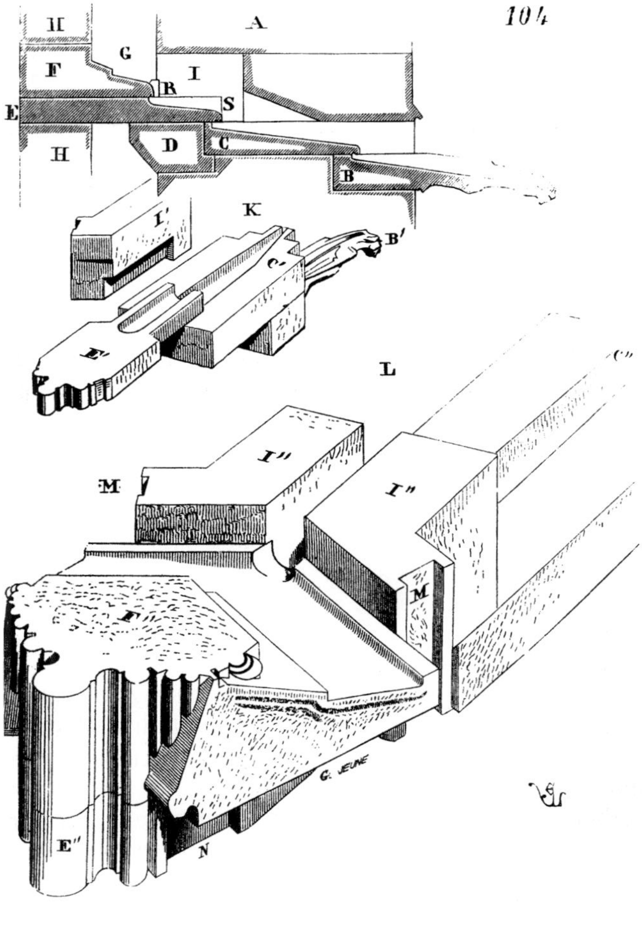

Arc-boutant de la collégiale Saint-Urbain de Troyes (Aube) (vers 1270). L'assemblage très sophistiqué des pierres est mis en évidence par le dessin de Viollet-le-Duc.

de Lasteyrie, une vision globale de l'espace qui a permis, mieux que la simple analyse des différences structurelles, de déterminer ce qui faisait la profonde originalité de Bourges par rapport à ses consœurs de la fin du XIIe siècle. Plus récemment Stephan Murray, dans un article consacré à la cathédrale d'Amiens, a enrichi ces approches par une manière dynamique d'appréhender la cathédrale gothique, non plus comme un objet statique mais comme un espace dont la perception évolue à mesure qu'on le parcourt. Ces visions nouvelles sont d'autant plus enrichissantes qu'elles permettent à la critique architecturale de rejoindre les préoccupations essentielles des commanditaires qui étaient sans doute beaucoup moins soucieux du fait qu'un arc soit en plein cintre ou brisé que du volume, de la luminosité et de la fonctionnalité d'un édifice qui devait répondre à des exigences bien précises d'ordre pratique, liturgique et idéologique. L'un des moyens d'appréhender les souhaits et les ambitions architecturales des hommes qui ont voulu ces églises gothiques est de se pencher sur deux des protagonistes essentiels de l'histoire de l'Église au XIIe siècle : saint Bernard, abbé de Clairvaux, et Suger, abbé de Saint-Denis en France.

Austérité cistercienne

Dans les années 1130, Suger et Bernard de Clairvaux apparaissent comme les champions de deux manières d'envisager la vie monastique et par conséquence l'architecture des abbayes qui lui sert de cadre. Saint Bernard prétend revenir à la règle de saint Benoît, dénaturée par Cluny, en prônant un retour à une religion austère et introvertie rejetant le faste sous toutes ses formes, déniant toute valeur aux images et revendiquant une architecture modeste et sobre. Suger, moine bénédictin mais aussi homme politique, conçoit l'église comme un instrument au service d'une liturgie qui se doit de proclamer avec la plus grande magnificence les mystères et la grandeur de la religion chrétienne et la puissance de l'Église. Le courant promu par saint Bernard s'inscrit dans un mouvement de pensée réformateur, largement représenté en dehors de l'ordre de Cîteaux : chartreux, grandmontains ou prémontrés partagent le même refus de compromettre l'Église avec le monde, et des franges entières de l'aristocratie trouvent dans les ordres militaires une règle de vie austère en accord avec une spiritualité qui place la prière et la pauvreté évangélique au-dessus de la pompe liturgique. Il n'est pas surprenant, de ce fait, que les formules constructives et décoratives cisterciennes – édifices modestes conçus selon une géométrie rigoureuse, dépourvus de décor peint ou sculpté et éclairés par de larges baies à verrières blanches ou vertes – aient reçu un accueil très favorable en dehors même des établissements de l'ordre. Ajoutons à cela que les cisterciens, sans pour autant être avides de nouveauté, affichaient un grand pragmatisme à l'égard des nouvelles techniques d'aménagement de l'espace, de production et de construction, qui en faisait les champions d'une économie rigoureuse et de la gestion optimale des ressources naturelles. L'un des traits essentiels de l'architecture prônée par saint Bernard est l'absence de décor figuré. Marcel Durliat a souligné le rôle joué par le mouvement cistercien dans la disparition de la sculpture monumentale ; il est évident que la désaffection pour un décor envahissant vers quoi tendait l'art du XIIe siècle porta également atteinte à la peinture murale qui avait connu au début du XIIe siècle son âge d'or dans la France romane. Dans l'esprit de Bernard et des cisterciens, cette absence de décor avait pour contrepartie un grand soin apporté à la composition spatiale, aux proportions qui régissent l'architecture, aux solutions fournies à l'articulation des éléments construits. Il ne fait pas de doute que les cisterciens reprirent à leur compte les spéculations mathématiques fondées sur la théologie augustinienne qui font partie du fonds commun de la pensée médiévale, mais c'est dans des détails d'appareillage et dans des profils de mouluration que l'on perçoit le fondement de l'esthétique cistercienne ; celle-ci est le fait d'une

Valmagne (Hérault), abbaye, flanc droit de l'église relevé de H. Nodet, 1897. Église et cloître, reconstruits à partir de 1245.

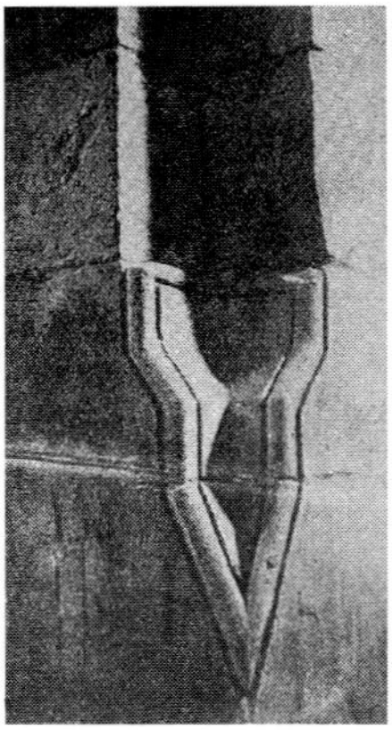

Noirlac (Cher), détail de mouluration d'un pilier de l'église abbatiale vers 1150.

élégance sophistiquée aussi éloignée de la rusticité de la construction vernaculaire que du faste décoratif clunisien.

Faste dionysien

Si l'on oppose aux églises de Fontenay ou de Noirlac, l'image de l'église de Saint-Denis restaurée par Suger, le contraste est considérable : portes de bronze doré, mosaïques, peintures murales, verrières immenses et chatoyantes gomment une structure qui est conçue en fonction non plus seulement de la prière, mais du développement d'une liturgie qui laisse peu de place au recueillement individuel. Toute l'attention que les constructeurs des églises cisterciennes avaient portée à l'agencement des volumes et à la clarté de définition spatiale est ici détournée, au profit d'une architecture de l'illusion qui dissout les volumes entre eux et capte l'attention par les valeurs chromatiques et quasiment tactiles de matériaux précieux. Le chœur de Saint-Denis est, en effet, l'organisme architectural le plus complexe que l'on ait pu imaginer jusqu'alors ; le grand hémicycle est entouré d'un double déambulatoire sur lequel s'ouvrent sept chapelles rayonnantes, mais le cloisonnement n'est guère perceptible sans le recours à un plan, car tout est fait pour que le regard circule sans rencontrer d'obstacle : fusion des chapelles et du déambulatoire extérieur dans le même voûtement, diamètre réduit des piles, lumière tamisée et décomposée par les vitraux. Cette lumière, avant tout destinée à provoquer l'émerveillement du fidèle en le plongeant au cœur d'un kaléidoscope coloré, était encore magnifiée par l'éclat des objets précieux qui garnissaient le chœur et sur lesquels elle jouait pour la plus grande gloire de Dieu et de son humble serviteur, l'abbé Suger. Si l'on ajoute à cette vision du sanctuaire celle de l'église, dont la nef du haut Moyen Âge était couverte de peintures, et celle des portails sculptés et peints aux vantaux de bronze doré, on comprendra que l'art promu par Suger est aux antipodes de celui que mettaient en œuvre les cisterciens. La polémique à fleurets mouchetés qu'entretinrent indirectement les deux hommes dans les décennies médianes du XIIe siècle a récemment été éclairée par une série d'articles publiés par Paula Lieber Gerson (revue *Gesta*) et par un ouvrage de Conrad Rudolph ; ils permettent de mesurer les enjeux théologiques et pastoraux de cette polémique sur l'art, qui posait

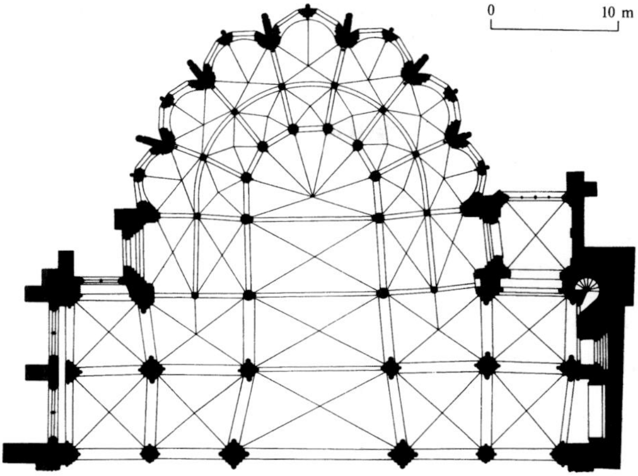

Chœur de Saint-Denis (Seine-Saint-Denis), 1144

le problème de la capacité du clergé à communiquer aux fidèles les principes d'une religion empêtrée dans une glose théologique envahissante. D'un côté, les tenants de l'Église traditionnelle pour qui la religion catholique romaine et ses dogmes, établis par une longue tradition patristique, ne pouvaient guère être rendus accessibles que par le recours au symbole, à l'allégorie et à la perception anagogique du divin que procure une sorte d'hallucination lumineuse ; de l'autre, les réformateurs conscients de l'hermétisme des discours développés par les textes et l'iconographie promue par quelques « intellectuels hébraïsants » et de la nécessité d'un retour à la Bible et à une simplicité évangélique. La prose de saint Bernard traduit à merveille cette ambition : d'une clarté admirable, elle recourt à une rhétorique classique pour exprimer la vérité proclamée par les Livres saints sans emprunter à l'argumentation tourmentée des théologiens contemporains. Les églises de l'ordre manifestent dans leur domaine les mêmes principes esthétiques que la prose de saint Bernard : la technique parfaitement maîtrisée est mise au service d'une élégante efficacité qui exclut toute redondance et tout faux-semblant. Si l'on se penche sur les écrits de Suger, vraisemblablement élaborés avec le secours des moines de Saint-Victor, on se trouve devant un tout autre univers intellectuel, dans lequel l'argumentation s'appuie essentiellement sur une religion pétrie de symbolisme et de miraculeux, qui apparaît avant tout comme la caution d'une liturgie ostentatoire.

Saint Bernard de Clairvaux, *Apologie à Guillaume de Saint Thierry*, XII, éd. Paul Zumtor, « Saint Bernard de Clairvaux, textes politiques », 10/18, Bibliothèque médiévale, Union générale d'éditions, Paris, 1986.

Je dois vous reprocher un abus à mes yeux bien plus grave, quoique devenu si fréquent que l'on n'y prête plus attention : vous donnez à vos églises des proportions gigantesques, les décorez avec somptuosité, les faites revêtir de peintures qui détournent irrésistiblement sur elles l'attention des fidèles, et n'ont pour effet que d'empêcher le recueillement. J'ai l'impression de me trouver dans l'ancien Temple de Jérusalem. Mais passons : j'admets que vous le faites pour la gloire de Dieu. Mais dites-moi, vous qui pratiquez la pauvreté de l'esprit, que vient faire tant d'or dans un sanctuaire ? Un abbé, dans l'église de son monastère, ne peut se permettre d'imiter un évêque. Ce dernier, par la nature de sa charge, règne sur un troupeau où tous n'ont pas l'intelligence des choses spirituelles, et il est juste qu'il use de moyens aussi matériels pour provoquer la piété d'un peuple charnel. Mais nous, qui n'appartenons plus au monde, nous avons abandonné pour le Christ la beauté même du monde ; tout ce qui plaît aux sens, la joie de la lumière, la douceur de l'harmonie, l'odeur même de l'encens et la suavité de ce qu'on goûte, de ce qu'on touche, tout cela n'a pas plus de valeur pour nous que du fumier, quand notre seul souci est de gagner le Christ. Que gagnons-nous à la splendeur de nos églises, sinon l'admiration des sots ou les offrandes des simples ? Parce que nous vivons au milieu des peuples, allons-nous les imiter dans toutes leurs œuvres et, pour parler comme le psaume, nous faire les esclaves de leurs statues ?... Vous montrez aux ignorants une image resplendissante de saint ou de sainte, et les voilà qui croient d'une foi d'autant plus vive que les couleurs les ont plus frappés !... En réalité, on montre autour de vous plus d'admiration pour les belles choses que de piété pour les choses saintes. Ce ne sont pas des couronnes que vous suspendez dans vos églises, mais de vraies roues de pierreries hérissées de lampadaires... ; vos candélabres sont des arbres de bronze (des chefs-d'œuvre sans doute) dont les joyaux incrustés sont plus brillants que les cierges. Et tout cela dans quel but ? Pour faire naître la componction dans les âmes, ou pour provoquer l'admiration des spectateurs ?... Mais surtout, quel rapport avec votre vie de pauvres, de moines, de spirituels ? peut-être, me répondrez-vous, est-ce pour mettre en pratique le verset du Psalmiste : « Seigneur, j'ai aimé les beautés de ta maison et le lieu où habite ta gloire. » Alors, soit. Décorez vos églises. Du reste, si votre luxe ne peut que faire du mal aux âmes naturellement cupides, je ne pense pas qu'il en fasse aux âmes vraiment dévotes.

Suger, *Écrit sur la consécration de Saint-Denis,* Les Belles Lettres, Paris, 1996.

7 – construction du chevet, p. 25-27 :

Ayant donc tenu conseil avec nos frères très dévoués « dont le cœur brûlait [d'amour] de Jésus tandis qu'il leur parlait en chemin », nous décidâmes sous l'inspiration de Dieu [et] après délibération, en considération de cette bénédiction que l'intervention de Dieu, au témoignage d'écrits vénérables, conféra par l'imposition de ses propres mains à la consécration de l'ancienne église, de respecter les pierres elles-mêmes ainsi sanctifiées comme autant de reliques et de nous appliquer à ennoblir cette nouvelle [addition] qu'une telle nécessité exigeait, par la beauté de la longueur et de la largeur. Il fut donc décidé, après réflexion, de déplacer la voûte, inégale à celle, plus haute, qui couvrait l'abside contenant les corps des saints, nos seigneurs, jusqu'au niveau supérieur de la crypte à laquelle elle était jointe ; ainsi une seule crypte offrirait son sommet comme pavement à ceux qui arriveraient par les escaliers de part et d'autre et présenterait aux regards des visiteurs, en un lieu plus élevé, les reliquaires des saints ornés d'or et de pierres précieuses. Avec perspicacité on veilla aussi à faire coïncider à l'aide d'instruments géométriques et arithmétiques le milieu du bâtiment de l'ancienne église avec le milieu de la nouvelle construction en superposant les colonnes supérieures et les arcs médians à ceux qui avaient été bâtis dans la crypte ; [on fit en sorte également] d'adapter les proportions des anciens collatéraux à celles des nouveaux sauf cette extension élégante et remarquable distribuant une couronne d'oratoires et grâce à laquelle [l'église] tout entière brillerait de la lumière admirable et ininterrompue de vitraux resplendissants illuminant la beauté intérieure.

9 – achèvement de l'œuvre, *id.*, p. 31 :

Nous nous sommes donc appliqués pendant trois ans, été comme hiver, à l'achèvement de cette œuvre, à grands frais et grâce à [la contribution] de nombreux ouvriers, afin que Dieu ne puisse nous adresser ce reproche : « Tes yeux ont vu ma [substance] inachevée » et, avec son aide, nous progressions de manière satisfaisante ; à l'instar des œuvres divines était fondé « pour la joie de toute la terre, le Mont Sion, flanc de l'Aquilon, cité du Grand Roi, au milieu de laquelle Dieu ne sera pas ébranlé », mais, ému par les supplications des pécheurs, il ne dédaignera pas de se laisser apaiser et fléchir par l'holocauste odoriférant des pénitents. Ainsi, au milieu [de l'édifice] douze colonnes présentant le groupe des douze apôtres, et au second rang les [douze] colonnes du déambulatoire représentant le même nombre de prophètes projetaient soudain l'édifice à une grande hauteur, suivant l'Apôtre qui construisait spirituellement : « Désormais, dit-il, vous n'êtes plus étrangers ni forains mais vous êtes les concitoyens des saints et les familiers de Dieu, édifiés sur le fondement des apôtres et des prophètes, et la pierre angulaire, c'est le Christ Jésus qui joint un mur à l'autre, en qui tout l'édifice spirituel et matériel grandit pour devenir un temple saint dans le Seigneur. » En lui nous aussi nous nous appliquons à construire matériellement d'autant plus haut et avec d'autant plus de convenance que nous sommes instruits pour être édifiés ensemble, par nous-mêmes, spirituellement [pour devenir] la demeure de Dieu dans l'Esprit saint.

Suger, *l'Œuvre administrative*, Les Belles Lettres, Paris, 1996, p. 135.

13 – *[les ornements] :*

Ainsi, par affection pour l'église mère, nous contemplions souvent tous ces ornements tant nouveaux qu'anciens, et tandis que nous considérions tantôt cette admirable croix de saint Éloi avec d'autres croix plus petites, tantôt cet incomparable ornement appelé ordinairement Crista placés sur l'autel d'or, nous soupirions dans notre cœur : « toute pierre précieuse, me disais-je, est ton revêtement, sardoine, topaze, jaspe, chrysolithe, onyx et béryl, saphir, escarboucle et émeraude. » Au nombre de ces pierres, ceux qui connaissent les propriétés des gemmes constatent avec le plus grand étonnement qu'aucune ne manque, hormis la seule escarboucle, mais qu'au contraire elles sont en surabondance. Ainsi lorsque, dans mon amour pour la beauté de la maison de Dieu, la splendeur multicolore des gemmes me distrait parfois de mes soucis extérieurs et qu'une digne méditation me pousse à réfléchir sur la diversité des saintes vertus, me transférant des choses matérielles aux immatérielles, j'ai l'impression de me trouver dans une région lointaine de la sphère terrestre, qui ne résiderait pas tout entière dans la fange de la terre ni tout entière dans la pureté du ciel et de pouvoir être transporté, par la grâce de Dieu, de ce [monde] inférieur vers le [monde] supérieur suivant le mode anagogique.

Il convient de noter qu'aux yeux de saint Bernard lui-même ces deux attitudes pouvaient être complémentaires dans la mesure où celle dont il se faisait le champion était guidée par sa position d'abbé d'une communauté de moines instruits de théologie et puisant dans la seule lecture aux sources de la révélation, alors que les régisseurs des grandes églises urbaines se devaient de séduire le peuple illettré par des moyens appropriés. Quoi qu'il en soit, il est indéniable que les deux attitudes artistiques, qui découlent des préoccupations pastorales et théologiques des réformateurs et des traditionalistes séduisirent chacune pour leur part les contemporains ; bien plus, dans la mesure où elles manifestent deux manières de vivre la foi qui, de tout temps, ont divisé la communauté chrétienne occidentale entre aspiration à la pauvreté évangélique et manifestation de la gloire de l'Église catholique apostolique et romaine, elles fournissent une sorte de grille sommaire pour comprendre l'esthétique de l'architecture chrétienne en général et gothique en particulier. À partir de là, on peut distinguer des traits « cisterciens » et des traits « dionysiens ». L'esthétique cistercienne serait caractérisée par l'économie des moyens, la mise en valeur des matériaux bruts et de la lumière naturelle, la clarté et la hiérarchie des définitions spatiales, la simplicité du traitement des supports et des couvrements, le décor limité à la seule mise en valeur des formes architecturales par la modénature et le recours aux formes végétales géométrisées ; l'esthétique « sugérienne » répondrait, quant à elle, à un goût affirmé pour l'illusionnisme fondé sur la fusion des espaces et la décomposition de la lumière, le gigantisme, la profusion du décor peint et sculpté, une sorte de théâtralité adaptée au déroulement des fastes liturgiques.

Structure et décor

La fascination qu'a exercée l'*architecture* gothique sur les architectes alors même que le *style* gothique était unanimement réprouvé tient en grande partie à l'ingéniosité de ses formules structurelles. Philibert Delorme assurait que l'on ne pouvait pas « *despriser cette architecture appelée entre les ouvriers la mode française [car] on y fait et pratique de forts bons traicts et difficiles* » et Germain Soufflot fit effectuer des relevés sur les monuments angevins pour s'inspirer de leurs procédés de construction dans la réalisation à Paris de Sainte-Geneviève. C'est à Viollet-le-Duc que revient cependant le mérite d'avoir restitué le savoir empirique des maîtres gothiques au long des pages de son monumental *Dictionnaire*.... Quelque

Chœur de Saint-Remi de Reims (Marne). Dans le chœur dessiné vers 1190, les arcs-boutants n'étaient pas prévus originellement ; ils apparaissent comme des béquilles ajoutées mais non réellement intégrées.

fondées que furent les attaques menées au début du siècle contre les théories fonctionnalistes de Viollet-le-Duc, qui veulent que chacun des moindres éléments de l'architecture, voire du décor d'une église gothique, soit justifié par une nécessité fonctionnelle, la théorie viollet-le-ducienne reste l'indispensable sésame à la compréhension de l'architecture gothique. Même si les ogives et les pinacles, l'usage du tas de charge et de la taille en délit ne répondent pas toujours parfaitement à ce que les maîtres d'œuvre du Moyen Âge attendaient d'eux du point de vue statique et architectonique, ils ont été conçus comme les pièces d'une mécanique complexe et ont modelé l'esthétique architecturale des églises. La mise en évidence des éléments constitutifs du bâtiment qui font l'un des attraits majeurs du gothique répond à la dialectique entre les deux courants dominants envisagés au début de ce chapitre : la

Chœur de la cathédrale de Reims (Marne). Dans les années 1210 le chevet de Reims est conçu avec des arcs-boutants parfaitement intégrés à la nouvelle esthétique gothique.

nécessité de construire haut, grand et clair, de ménager de vastes emplacements pour les verrières amena à créer ogives et arcs-boutants, l'adhésion à la beauté des pures formes architecturales les firent accepter puis utiliser comme partie prenante du décor. Les prélats les plus magnifiques de la deuxième moitié du XIIe siècle surent parfaitement concilier les deux tendances en construisant des édifices gigantesques et somptueux mais fortement articulés et dépouillés d'éléments de décor superflus : de ce point de vue, les églises gothiques sont bien l'expression de cette « fête austère » que Georges Duby évoquait à propos de Laon. Il est néanmoins certain que la vision fonctionnaliste est soumise au primat, dans l'histoire de l'architecture, des grandes cathédrales franco-picardes : Amiens était, au dire de Viollet-le-Duc, le Parthénon de l'architecture gothique, mais Amiens et les édifices de la lignée chartraine qu'elle illustre ne résument pas pour autant l'architecture polymorphe évoquée dans le premier chapitre. Les valeurs gothiques s'expriment tout différemment aux Jacobins de Toulouse, dans telle petite chapelle bretonne ou dans le chevet de Notre-Dame de Rabastens : dans tous les cas, les volumes sont clairement définis et le décor strictement limité à des éléments de structure ; les remplages mêmes des baies sont avant tout une armature indispensable au maintien des vitraux. L'illusionnisme du chevet de Saint-Denis n'a pas eu un moindre succès, en dépit d'une plus grande complexité de mise en œuvre, que l'austérité cistercienne : à Soissons, Noyon, Bourges, dans le chœur de Saint-Pierre de Caen, dans celui de Saint-Nazaire de Carcassonne ou de Saint-Urbain de Troyes, on retrouve le même sentiment diffus de l'espace et le traitement « diaphane » de l'architecture qui fait se superposer les plans et s'interpénétrer les volumes. Mais dans tous les cas cette architecture requiert la mise en évidence des éléments de structure qui doivent être exaltés et non masqués par le décor.

Fenêtre supérieure du chœur de Saint-Denis (vers 1230).

Couleur et lumière

L'interprétation de l'architecture gothique que proposent les écrits de Viollet-le-Duc et les archéologues et historiens de l'art depuis un siècle présente un défaut inhérent à tous les manuels d'histoire de l'architecture : la difficulté, voire l'incapacité à rendre compte des valeurs fondamentales de lumière et de couleur qui soulignent, modèlent et parfois dénaturent la plastique architecturale. Lumière blanche « cictercienne » ou décomposition du prisme par le recours à l'art du vitrail ? Entre ces deux pôles oscille l'architecture gothique, au cours des âges et au gré des « topiques ».

Sans doute faut-il considérer que la nouvelle esthétique prônée par Cîteaux fut, dans ce domaine plus qu'en tout autre, révolutionnaire. L'aboutissement naturel d'un projet architectural roman était en effet un édifice très coloré, tant à l'extérieur qu'à l'intérieur. On peut considérer que l'ambition du clergé et des fidèles était presque toujours de transformer l'édifice entier en un livre d'images colorées et que seules les contraintes matérielles et financières justifiaient que des pans de murs restent vierges de tout décor peint. Renonçant à tout décor peint et au vitrail autre qu'en grisaille, les moines de Cîteaux bouleversent profondément une manière de concevoir l'édifice comme une espèce de monde clos et coloré contrastant avec l'univers aux valeurs chromatiques naturellement neutres et froides. La dimension merveilleuse, voire magique, que pouvaient revêtir les édifices hauts en couleur auprès des fidèles constituait, n'en doutons pas, un élément d'attrait considérable. Dans leur refus de séduire le fidèle par d'autre moyen que la contemplation des vérités éternelles au travers des Écritures, les moines blancs rejettent, avec le décor, la couleur, qui sera désormais limitée à l'usage de teintes sourdes destinées à renforcer les lignes architecturales. Les quelques études dont nous disposons sur ce point sont insuffisantes pour pouvoir dresser un tableau synthétique de ce qu'était le décor coloré dans l'architecture gothique, mais nous pouvons néanmoins suggérer quelles en étaient les tendances dominantes en fonction des variations temporelles et spatiales.

On peut considérer que, dans la plupart des églises gothiques de la France du nord, la couleur connut un certain repli : la polychromie restait cependant de règle pour la sculpture figurative ; elle visait à renforcer le naturalisme qu'ambitionnaient les sculpteurs. Les analyses menées sur le portail de la cathédrale de Lausanne ont montré que cette polychromie pouvait être extrêmement précieuse et sans doute coûteuse et recourait à l'emploi de pigments identiques à ceux utilisés dans la peinture sur panneaux et à la dorure. À l'intérieur, les amples cycles de peintures murales font place dans les nefs à des badigeons simulant un appareil régulier, tandis que les fûts des colonnettes et les nervures d'ogives voient leur mouluration rehaussée de couleur : pour la cathédrale de Chartres, l'étude de Jürgen Michler a montré que les enduits du XIIIe siècle étaient à dominante jaune avec des faux joints blancs et que les gorges des piles étaient ocrées pour en accentuer la profondeur ; cette peinture « lapidaire », expérimentée peut-être à Soissons, se retrouve à Longpont ; à Noyon, les cannelures sont soulignées en rouge et dans les parties hautes d'Amiens, badigeonnées en gris pierre avec des faux joints blancs, les voûtes présentent une dominante rougeâtre ; les clefs de voûte pouvaient toutefois se détacher sur ces teintes neutres, par la polychromie de leur sculpture ou par des rehauts pratiqués sur les parties adjacentes des voûtains. Le décor figuré ne disparaît pas pour autant mais semble se replier sur les clefs de voûte et sur les parois des chapelles annexes où il connaîtra un nouvel essor au XIVe siècle, associé à des dévotions particulières ou à des sépultures. Dans certains cas, comme à Saint-Ouen de Rouen, les qualités plastiques des chapiteaux à feuillages ont été accusées par des rehauts de couleur brune ou ocre.

La raréfaction de la couleur dans le domaine de la peinture murale va de pair dans les grandes églises gothiques avec une débauche de vitraux qui n'est nulle part aussi admirable qu'à Chartres. L'histoire de l'art du vitrail montre que le sentiment de la lumière a profondément varié au cours des siècles gothiques : aux bleus et rouges profonds des verrières du XIIIe siècle ont succédé les vitraux plus clairs du XIVe où éclate le jaune d'argent ; les ordres mendiants, sans revenir pour autant à la grisaille cistercienne, simplifient les dessins et privilégient les amples plages colorées structurées par un décor architectural ; à la fin du Moyen Âge on reviendra dans certaines régions à des tonalités soutenues alors que d'autres opteront pour des verrières quasiment blanches.

La vision d'une architecture gothique où les vertus du matériau brut, rehaussé par un certain nombre d'artifices comme les faux appareils ou les rehauts ombrés dans les moulurations, est donc celle que propose la majorité des édifices s'inscrivant dans le domaine du gothique septentrional. Elle correspond également dans une certaine mesure aux tendances développées dans l'Ouest, où l'on peut signaler toutefois quelques fantaisies décoratives comme les fausses clefs surdimensionnées de la Maison Dieu de Coëffort au Mans ou les retombées anthropomorphes de la cathédrale de Poitiers. Dans l'architecture du Midi, en revanche, il semble que l'on puisse constater dans certains cas une forte résistance de la peinture murale et un moindre développement de l'art du vitrail : Notre-Dame de Rabastens est à cet égard exemplaire, mais aussi Cahors, Albi et toute une série d'églises à nef unique dans lesquelles le décor figuré a dû se maintenir sur les amples surfaces murales ménagées entre des baies qui restent étroites et peu propices au développement de cycles figuratifs en vitrail. Force est toutefois de constater qu'à ce jour la plupart des décors peints des églises languedociennes sont tardifs et que la vision que nous en proposons devra être nuancée et confirmée par les travaux de restauration en cours ou à venir.

Quelles que soient les variations que peuvent entretenir dans les édifices gothiques l'architecture et les arts de la couleur, il est indéniable que l'on ne peut prétendre à une relative connaissance de l'art gothique et de l'art religieux en général si l'on feint d'ignorer l'étroite imbrication de ces domaines artistiques, dissociés par les nécessités d'une présentation académique. Il faudrait à vrai dire prendre en compte également les arts mobiliers, tant il est vrai que les églises n'étaient conçues qu'en fonction des objets qu'elles abritaient : le décor de tentures de La Chaise-Dieu, bien que datant du XVIe siècle, permet de se faire une idée des implications réelles du « retour à la muralité » dans l'architecture du XIVe siècle. Cette imbrication très forte du décor mobilier et du décor architectural est bien mise en évidence par un article de Marcel Durliat, de 1962, sur les fonctions de l'architecte à Toulouse, qui montre que les compétences du maître d'œuvre pouvaient aller jusqu'à la conception du mobilier de chœur et au choix des nappes d'autel.

S'il fallait donc en quelques mots définir l'esthétique de l'architecture gothique par rapport à celle de l'âge roman et à celle de la Renaissance qui suivra, on pourrait dire que les choix opérés dans la deuxième moitié du XIIe siècle par les cisterciens allaient, en se greffant sur le substrat roman, dissocier l'architecture du décor et contribuer à la mise en valeur de formes abstraites soumises aux impératifs techniques de la construction et soulignées par une « écriture » architecturale très précise et nerveuse. De ce point de vue, les ogives qui dessinent nettement le compartimentage d'une voûte, dérivée de la voûte d'arêtes, et induisent la composition de piles complexes devinrent un des éléments fondamentaux de ces nouvelles valeurs graphiques données à l'architecture. Au-delà de ces éléments mis en valeur par le premier gothique – nervures, supports, contrebutement, éléments de stabilité –, l'invention de la baie à remplage, dont il convient de souligner qu'elle est une création totalement originale par rapport à tout ce qui avait été imaginé pour concevoir des baies depuis la nuit des temps, est tout à fait représentative de l'architecture gothique ; elle résume en quelque sorte les fondements de son esthétique. L'abstraction et l'infinie variété des tracés y sont mises au service d'un grand appétit de lumière qui répond à des préoccupations pratiques et symboliques, elle permet de continuer à proclamer par l'image les vérités de la religion chrétienne. En effet, quel que soit le succès rencontré par les courants iconoclastes (cisterciens, mendiants...), l'architecture gothique reste toujours et avant tout une manière de mettre en valeur la production artistique au service de la religion, et cela, tant dans le domaine des arts plastiques que dans celui de l'art éphémère des cérémonies liturgiques.

III Genèse du gothique

Le moment créateur : accident ou nécessité

Il est toujours délicat de décréter la naissance d'un nouveau style architectural, tant il est vrai que les transitions sont lentes et affectent différemment les régions et les composantes mêmes des monuments. S'il fallait donner une date de naissance à l'architecture gothique, la majorité des historiens conviendrait de la fixer au 11 juin 1144, jour de la consécration du chevet de Saint-Denis. Il est certain cependant que les prolégomènes du gothique plongent leurs racines bien en deçà de l'été 1144 et que sa formation se déroula postérieurement sur quelques décennies, pour lui permettre d'atteindre à une certaine maturité dans les années 1180-1190.

L'historiographie de la première moitié du XXe siècle a fait une part excessive, dans cette recherche des origines de l'architecture gothique, aux premiers avatars de la voûte nervée, dans le monde sassanide puis dans les églises arméniennes et les mosquées d'Al Andalus. On préfère maintenant dissocier le problème de la mise au point de la voûte d'ogives de celle de l'architecture gothique, tant il est vrai que l'origine d'un style ne peut être considérée comme celle de l'une de ses composantes, fût-elle essentielle.

L'une des plus récentes et brillantes réflexions sur ce point est celle qu'a proposée Jean Bony dans la *Revue de l'Art* en 1982 en posant comme prémices que « l'architecture romane ne tendait pas au gothique » et que l'association de l'arc brisé et de la voûte d'ogives ne sont que deux des multiples éléments qui se combinèrent en Île-de-France et dans les régions voisines, tout au long de la deuxième moitié du XIIe siècle, pour donner naissance au style

Église abbatiale de Saint-Germer-de-Fly (Oise) élévation du chœur ; au-dessus des tribunes apparaissent des baies rectangulaires aveuglées annonçant le triforium du gothique classique (vers 1140).

gothique. Cette combinaison est le fruit de paris techniques risqués, d'« incroyables successions de gageures », d'aspirations au changement et de relations personnelles d'hommes, commanditaires et architectes, qui, en fonction des ressources limitées du temps conçoivent une manière nouvelle de construire des édifices. On pourrait schématiser ainsi ce mouvement d'assimilation de formules concourant à la formation du gothique classique : conciliation du voûtement, de la technique du mur mince et d'espaces vastes et lumineux, à Paris dans les années 1140 ; élévations à quatre étages venues de la Flandre et du Hainaut vers 1150 à Noyon ou quelques années plus tôt à Saint-Germer-de-Fly ; traitement rythmique des élévations inspiré par les expériences de l'East Anglia (Ely) à Laon à partir de 1155 ; technique du mur dédoublé apprise de l'Angleterre normande dans les années 1160 à Soissons et Noyon ; plan « compostellan » adopté par

Saint-Denis, église abbatiale, croisée du transept, vers 1230 : chaque nervure de la voûte retombe sur un support individualisé, au point que du plan de la pile on peut déduire la structure du voûtement.

Chartres à la fin du siècle ; parti clunisien de l'étagement des vaisseaux à Bourges à la même date. La caractéristique du gothique est d'avoir su intégrer ces divers éléments dans des formules chaque fois renouvelées mais toujours cohérentes et logiques conduisant par étapes successives vers ce grand « syllogisme de pierre », pour reprendre les termes de Michelet, qu'illustrent magistralement la nef et le transept de Saint-Denis reconstruits dans les années 1230 par l'abbé Eudes Clément. Cette manière commode de retracer au travers de monuments majeurs l'avancée du gothique laisse à l'écart quantité d'édifices modestes et surtout les maçons, tailleurs de pierre et maîtres d'œuvre qui ont, chacun pour leur part, contribué à « fabriquer » l'architecture gothique. C'est dans les écrits de John James que l'on touche au plus près la réalité de la concomitance et de la complémentarité de ces grands et petits chantiers. Les études très minutieuses que cet architecte australien mène depuis plusieurs décennies sur les édifices gothiques lui ont permis de mettre en évidence le rôle joué, à côté des grands abbés et des évêques promoteurs des œuvres, par les tailleurs de pierre qui peuvent être identifiés et suivis à la trace d'un chantier à l'autre grâce à la véritable signature que constitue leur manière de dessiner les profils des moulures et des blocs de pierre d'appareil. Il nous montre ainsi combien ces édifices sont l'assemblage d'actes séquentiels et semi-indépendants exprimant les idées d'individus fort divers se succédant sur un même chantier. Il accroît en cela le sentiment que l'aspect définitif des plus grandes cathédrales ou des édifices plus modestes qu'il sort de l'ombre est pareillement un projet soumis aux aléas des recrutements de maîtres maçons dont la marge d'autonomie reste assez large. Quelles que soient les critiques qui ont pu être formulées à l'égard du travail de John James, il n'en reste pas moins que l'on ne peut plus envisager avec la même sérénité que dans les années soixante de notre siècle les grandes synthèses historiques qui, du Saint-Denis de Suger à celui d'Eudes Clément, en passant par le Soissons de Nivelon de Quierzy (ou Chérizy), le Laon de Gauthier de Mortagne, le Notre-Dame de Paris de Maurice de Sully, le Notre-Dame d'Amiens d'Evrard de Fouilloy

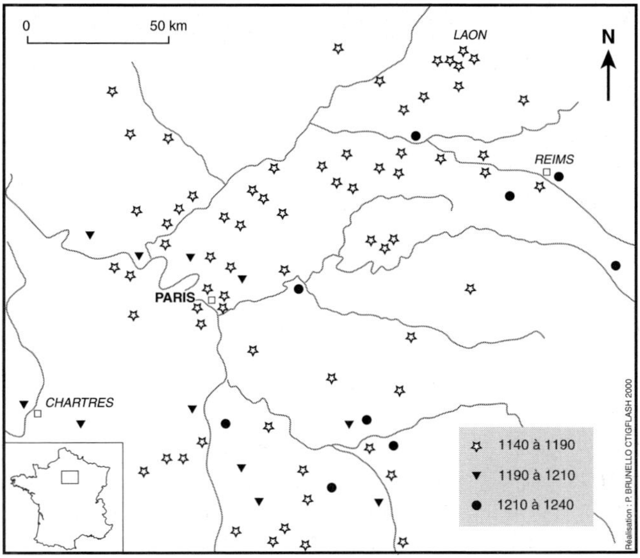

Carte du bassin parisien montrant la localisation de toutes les églises avec des absides circulaires dans laquelle les symboles font référence aux trois périodes entre 1140 et 1190, 1190 et 1210 et 1210 et 1240 (d'après John James, The template makers*).*

(tous prélats et non architectes !), dressaient un tableau sans retouche de la genèse de l'architecture gothique. Il faut aujourd'hui, et comme le font les auteurs des études régionales en cours, intégrer des édifices plus nombreux dans une chronologie plus fine pour tenter de restituer une vision historique plus précise et nuancée.

Le Premier Gothique

Au Saint-Denis de Suger, dont le chœur à trois niveaux était élevé en 1144, succède la reconstruction de Sens entreprise par Hugues Sanglier, un proche de Bernard de Clairvaux peu avant sa disparition en 1142. C'est un vaste édifice de 113,50 mètres de long, 27,50 mètres de large et

Cathédrale Saint-Étienne de Sens (Yonne), nef ; l'alternance des piles fortes et des piles faibles, formule choyée par les maçons romans de Normandie, était particulièrement bien adaptée aux primitives voûtes sexpartites. Les doubles colonnes se retrouvent dans un certain nombre d'édifices comme la cathédrale de Coutances ou le chœur de Vézelay.

24,40 mètres de haut, caractérisé par l'absence de transept, un voûtement sexpartite (repris au XIIIe siècle avec les baies hautes) et surtout une partition horizontale fortement rythmée par l'alternance de piles fortes et de piles faibles. Cette formule, qui procède de solutions empruntées à l'architecture romane de Normandie, est portée à une suprême élégance par la grande légèreté donnée aux piles faibles qui sont en fait des doubles colonnes couronnées de chapiteaux à feuillages lisses. La clarté de la définition spatiale rejoint là une certaine austérité dans laquelle on reconnaît l'empreinte cistercienne. À la suite de Sens, dans les années 1150, la collégiale de Poissy,

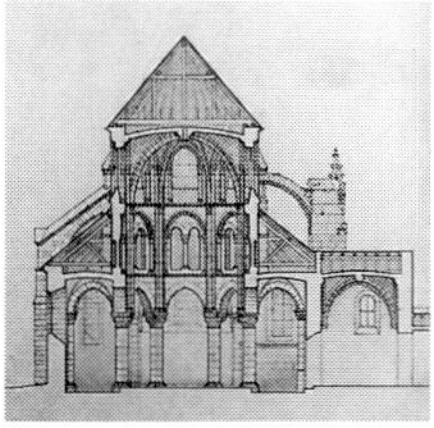

Église de Domont (Val-d'Oise), chevet. L'article de Philippe Plagneux publié en 1992 dans le Bulletin monumental *met bien en évidence la place de monuments modestes, tels que cette église de village dans la genèse des formes gothiques.*

Soissons (Aisne), bras sud du transept, colonnettes en délit baguées.

Senlis (Oise), façade de la cathédrale.

Notre-Dame de Corbeil, Saint-Martin d'Étampes, les cathédrales de Noyon et Senlis ou l'église abbatiale de Saint-Germain-des-Prés sont mises en chantier et expérimentent des formules proches. L'élévation toute senonaise de la modeste église de Domont, avec ses arcs-boutants primitifs sortant à peine de la toiture, semble confirmer que c'est dans ce groupe d'édifices qu'il faut chercher l'affirmation de l'arc-boutant comme élément de composition architecturale du gothique. Dans cette sorte de course de relais qui s'instaure en Île-de-France, la cathédrale de Noyon entreprise vers 1150 occupe une place prépondérante par son ampleur (102 m dans œuvre) et l'affirmation de l'élévation à quatre niveaux, expérimentée maladroitement à Saint-Germer de Fly vers 1135 et ici magistralement résolue, notamment par le recours aux colonnettes en délit entrecoupées de bagues saillantes qui allègent et dynamisent la structure. Incontestablement, la cathédrale de Senlis, mise en œuvre à la même époque, reste très en deçà de Sens et de Noyon, mais on peut lui accorder une place de premier rang par l'affirmation de la valeur symbolique et plastique de la façade. D'une verti-

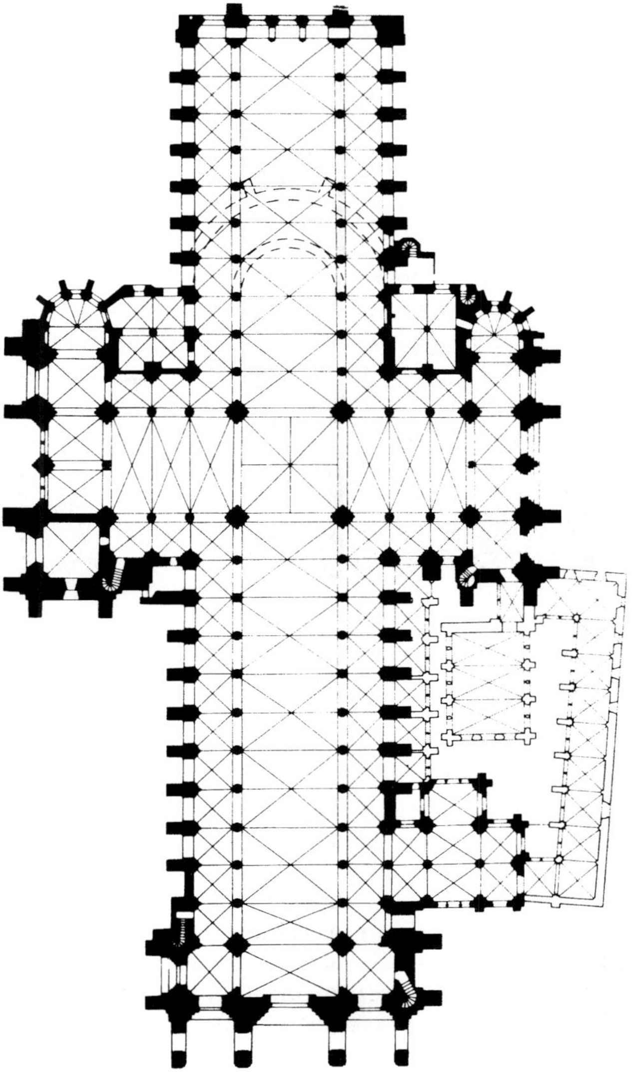

Notre-Dame de Laon (Aisne), plan faisant apparaître le tracé du chœur des années 1160 modifié par l'adoption du chevet plat vers 1220.

calité attestée par une forte accentuation du rôle des contreforts qui unifient les différents niveaux, elle sert de cadre au portail du Couronnement de la Vierge, l'une des plus claires manifestations de la ferveur renouvelée du culte marial dans l'Europe gothique. Dans les années 1160, il semble que l'on soit passé d'une phase d'expérimentation à une phase de mise en pratique à une échelle monumentale des formules imaginées jusqu'alors ; la décennie est marquée par l'ouverture de deux chantiers gigantesques : Notre-Dame de Paris et Notre-Dame de Laon. Dans les deux cas les cathédrales affirment, sans aucune mesure avec ce qui avait été fait précédemment, leur position prépondérante dans la cité, par leur apparence extérieure, les modifications de l'environnement urbain qu'elles suscitent et le développement donné à leur façade. Les deux monuments sont foncièrement différents par leur planimétrie et la même opposition est marquée dans la volumétrie extérieure. À la verticalité affirmée de Laon, hérissée de tours, répond le développement horizontal et compact de Paris, de là procède essentiellement la différence de l'apparence intérieure des deux édifices dont les élévations à quatre niveaux sont pourtant très proches ; à Laon, une lumière magnifiquement filtrée par les verrières inonde chaque partie de l'édifice, à Paris, en dépit des modifications apportées au XIIIe siècle aux parties hautes de la nef, qui visaient essentiellement à pallier un défaut de luminosité, l'église est restée intérieurement sans éclat. Ce défaut fut corrigé dans des édifices qui s'inscrivent dans la lignée de Notre-Dame, comme Saint-Mathurin de Larchant qui exploite la technique du mur mince dans une élévation réduite à deux niveaux ou Mantes-la-Jolie qui reprend en le simplifiant le plan de la cathédrale parisienne mais réussit à éclairer amplement les tribunes en les couvrant de vaisseaux transversaux qui ménagent d'amples lunettes et sauvegardent l'élévation à quatre niveaux. L'élévation à quatre niveaux est également adoptée, selon des modalités assez différentes, pour les extrémités en hémicycle du transept de Noyon et le bras sud de celui de Soissons. Dans les deux cas, les architectes nourris des expériences normandes sur les possibilités offertes par le dédoublement du mur épais introduisent de subtils jeux de surfaces murales qui glissent les unes sur les autres et ménagent des passages muraux qui se superposent ; un effet « diaphane » en résulte, mais

Notre-Dame de Mantes (Yvelines), chevet et flanc sud.

aussi une perception diffuse de l'enveloppe intérieure qui se disperse entre divers plans tantôt de pierre nue, tantôt vitrés, tantôt animés d'arcatures libres ou aveugles. Dans ce domaine la virtuosité du maître du bras sud de Soissons est sans égale et s'appuie sur une maîtrise absolue de la stéréotomie secourue pour la première fois par des éléments métalliques qui contribuent à l'équilibre d'une construction « squelettique ».

La dominante graphique qui se lit dans le dessin de ces élévations intérieures de Noyon et de Soissons se retrouve dans le plan de Saint-Remi de Reims qui semble avoir été dessiné par un maniaque du compas : tout dans son tracé est compénétration de cercles de rayons divers. L'esprit de système que dénote l'observation de ce plan est tempéré par un pragmatisme total mis au service d'un projet qui visait à concilier des impératifs contradictoires : un sanctuaire immense, aussi clair que la vaste nef charpentée de tradition paléochrétienne, mais voûté. L'architecte au service de Pierre de Celle imagina quantité d'expédients pour répondre aux exigences du commanditaire :

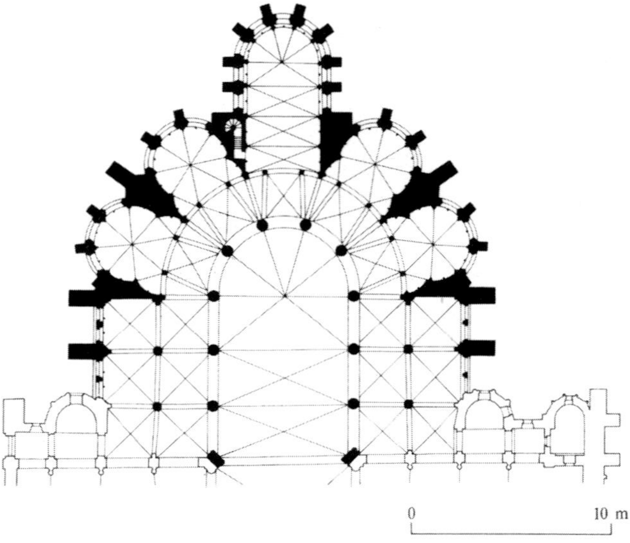

Abbatiale Saint-Remi de Reims, plan du chœur mettant en évidence la composition basée sur le principe de cercles sécants.

Abbatiale Saint-Remi de Reims. Coupe transversale sur le chevet : la lourdeur des culées d'arcs-boutants est mise en évidence par le dessin de Viollet-le-Duc.

inversement de l'inclinaison des voûtains de la tribune pour agrandir les baies, triple arcature pour ouvrir les chapelles sur le déambulatoire, passage « rémois » allégeant les murs de la chapelle axiale. La luminosité extraordinaire de l'édifice avait cependant pour contrepartie une instabilité apparente qui imposa la mise en place d'arcs-boutants incontestablement disgracieux, destinés à équilibrer cette construction tout à fait exceptionnelle, dont la fragilité pouvait apparaître comme corollaire de la légèreté.

Le « classicisme » gothique

L'utilisation des arcs-boutants comme éléments du décor extérieur ne fut guère réalisée avant la dernière décennie du XIIe siècle et on ne se pose plus au sujet de Chartres, de Bourges ou de Soissons les questions que l'on se posait au sujet des églises mises en œuvre trois décennies plus tôt ; dans tous les cas ils sont parfaitement intégrés à la structure et dessinés de manière à souligner et enrichir les choix esthétiques fondamentaux : fusion des volumes dans une architecture « lisse » à Bourges, compartimentation marquée à Chartres ou à Soissons.

Chartres

La cathédrale de Chartres est le siège d'un sanctuaire marial parmi les plus anciens et les plus vénérés de France. L'église inférieure, Notre-Dame-sous-Terre, intègre en outre des lieux de culte comme le Puits des Saints Forts qui insufflèrent une vitalité toute païenne aux pèlerinages qui firent la fortune de l'édifice installé au centre d'une riche région agricole. L'église, qui avait été pourvue de la relique insigne de la Tunique de la Vierge par Charles le Chauve et reconstruite au XIe siècle par l'évêque Fulbert, brûla une première fois en 1134. Cet incendie amena la reconstruction de la façade occidentale dont le portail royal est à peu de chose près contemporain de celui de Saint-Denis ; elle fut l'occasion de démonstrations de ferveur religieuse que les historiens qualifièrent de « culte des chariots » ; en 1134 l'évêque Robert de Torigni écrivait : « Dans mon diocèse, c'est un spectacle extraordinaire, tout le monde, chevaliers, bourgeois et paysans, court à Chartres pour avoir l'honneur de tra-

Chartres, cathédrale Notre-Dame, vue d'ensemble du chevet. Au premier plan le corps de bâtiment abrite la salle capitulaire surmontée de la chapelle Saint-Piat (2e quart XIVe siècle).

vailler pour Notre-Dame. Ils vont ainsi, pêle-mêle, tous rangs confondus. La charge est parfois si lourde qu'il faut mille hommes par chariot. » En 1194 survint un nouvel incendie qui ravagea nef et chevet. La reconstruction entreprise immédiatement fut menée en une trentaine d'années pour le gros œuvre, laps de temps assez court si l'on considère les dimensions de l'édifice : 130 mètres de long, 65 mètres de large au transept, 37 mètres de hauteur sous voûte. John James a considérablement affiné la chronologie des travaux et substitué à une hypothèse de progression par tranches verticales de l'ouest vers l'est (1194-1210, nef ; 1210-1221, chœur) celle d'une progression par tranches horizontales. Il suppose l'intervention d'une dizaine d'équipes et de maîtres d'œuvre se succédant au cours de quarante campagnes. La consécration n'eut lieu qu'en 1260, mais les tenants de l'une ou l'autre des hypothèses s'accordent à penser que l'édifice était construit et décoré dans les années 1230. Le parti « chartrain » qui allait apparaître comme le modèle privilégié des grandes églises gothiques du XIIIe siècle aux historiens de l'architecture, se caractérise par un plan qui reprend celui des grandes églises de pèlerinage comme Saint-Sernin de Toulouse ou Saint-Jacques de Compostelle : nef à bas-côtés, transept saillant flanqué également de collatéraux, double déambulatoire et chapelles rayonnantes. La différence avec les églises romanes (et les églises du premier gothique) se marque dans la suppression de la tribune, à laquelle suppléent du point de vue fonctionnel des batteries d'arcs-boutants superposés et successifs dans le

Évolution du chantier de Chartres (Eure-et-Loir), d'après John James. L'année 1222 voit la mise en place des arcs-boutants de la nef ; l'année suivante, ils allaient changer de forme, introduisant une rupture stylistique dont l'importance serait surévaluée par l'historiographie traditionnelle.

1201.

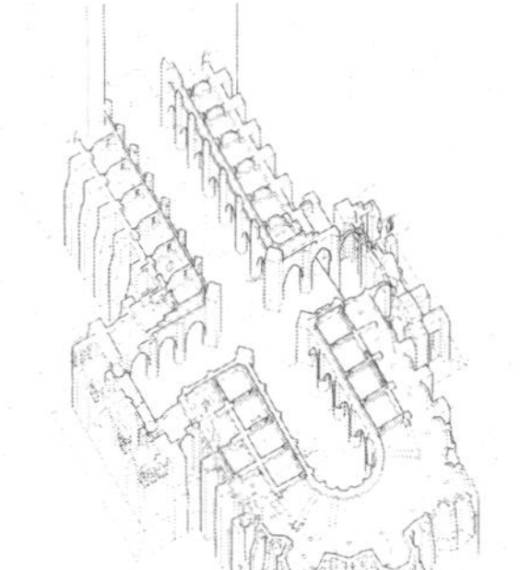

1208.

1222.

Soissons (Aisne), cathédrale Saint-Gervais Saint-Prothais, vue intérieure.

chœur. Le voûtement est également nouveau dans son affirmation résolue du choix exclusif de la voûte quadripartite barlongue. Les supports sont de hautes piles qui ne conservent de l'alternance des édifices de la fin du XIIe siècle qu'une très discrète variation du plan : une pile sur deux est circulaire avec des colonnettes octogonales, l'autre octogonale avec des colonnettes circulaires. Ce simple détail dit le raffinement de la pensée architecturale qui a présidé à cette construction d'une précision extraordinaire dans la réalisation. Les enduits très clairs que nous avons signalés plus haut font valoir la teinte éclatante des vitraux où dominent les rouges et les bleus profonds. La sculpture est regroupée à l'extérieur sur les portails du transept et vient compléter ou parfois doubler le cycle iconographique du portail royal à l'ouest. À l'intérieur, une clôture de chœur également décorée de sculptures fut mise en place dans les années immédiatement postérieures à l'achèvement du gros œuvre.

Chartres et Soissons apparaissent aujourd'hui sur un pied d'égalité dans la formulation première des solutions architecturales et décoratives qui triompheront dans les grandes églises du milieu du siècle : plan à simples ou doubles collatéraux, transept saillant, chœur à déambulatoire et chapelles rayonnantes, voûtement d'ogives quadripartites établies sur des travées barlongues et élévations à trois niveaux. Celles-ci sont quadrillées par les intersections des supports et les bandeaux qui soulignent la répartition équilibrée des percements : grandes arcades et baies supérieures de dimensions sensiblement égales séparées par la ligne obscure et continue formée par le triforium. À Chartres, les supports sont encore assez robustes d'allure, à Soissons, dont le nouveau chœur fut mis en service en 1212, les piles sont circulaires, plus sveltes et pourvues d'une seule colonnette à la retombée des doubleaux, les grandes arcades sensiblement plus allongées que les baies supérieures, et la construction rendue beaucoup plus légère par la suppression du blocage dans la maçonnerie, réduite à un mur entièrement appareillé supportant des voûtes très légères. L'architecture de l'église abbatiale cistercienne de Longpont, construite dans les années 1210-1215 et dont les dimensions (105 m de long, 26,75 m sous voûte) sont celles d'une cathédrale, évoque de très près la cathédrale de Soissons, antérieure d'une dizaine d'années, tant dans les formes que dans la structure dont la grande légèreté a exigé le recours à des tirants de fer.

Le gothique capétien

On remarquera que de Saint-Denis, panthéon des rois de France, à Saint-Remi de Reims, sanctuaire associé étroitement au sacre, en passant par Mantes, collégiale royale ou Longpont dédicacée en présence de saint Louis et Blanche de Castille en 1227, ces expériences diverses sont menées dans des terres qui relèvent de près ou de loin du domaine des Capétiens. On a sans doute quelque peu surévalué dans l'historiographie récente cette symbiose qui semble exister entre l'ardeur mise à construire leur royaume par les descendants d'Hugues Capet et celle dont témoignent les grands prélats dans leurs entreprises architecturales. Il semble assez bien établi que les interventions directes des capétiens n'ont pas excédé les limites d'une générosité contrainte par la coutume et le droit canon et par une saine politique d'alliance étroite avec le haut clergé ; le financement de ces chantiers est avant tout d'origine épiscopale ou abbatiale et le fruit d'une gestion rigoureuse des revenus ecclésiastiques. Il n'en reste pas moins qu'aux yeux des contemporains l'activité constructrice de l'Île-de-France, de la Champagne et de la Picardie, la nouveauté des formules architecturales mises en œuvre et l'ampleur des chantiers conduits sur des édifices historiquement prestigieux focalisaient l'attention sur les environs de Paris qui, par ailleurs, devenait la première ville d'Occident. On ne peut douter que le faste déployé par Suger lors des cérémonies de consécration de Saint-Denis, les alliances familiales de Maurice de Sully, la puissance féodale de prélats comme Gauthier de Mortagne ou Nivelon de Quierzy n'aient été un facteur déterminant dans l'intérêt qu'éveilla cette architecture nouvelle. Il serait donc vain de vouloir combattre une opinion raisonnablement ancrée, selon laquelle le succès du gothique est lié à la fortune politique des capétiens qui, sous les règnes de Louis VII, Louis VIII et Philippe Auguste ont fondé un état féodal capable de prendre le pas sur les domaines de leurs puissants barons.

Il faut néanmoins nuancer cette façon d'interpréter l'histoire en soulignant que d'autres manières tout aussi « gothiques » de construire se développaient concurremment dans des régions voisines relevant de seigneurs tout aussi puissants que le roi de France, comme l'Anjou ou la Normandie des Plantagenêts. À vrai dire, les considérations politiques ne peuvent, à elles seules, rendre compte du succès des formules élaborées dans le domaine capétien dans la deuxième moitié du siècle ; il est fort peu probable et en tout cas nullement prouvé que les contemporains aient été à même de mettre en parallèle des facteurs culturels aussi abstraits que le primat de la ligne ou la valeur anagogique de la lumière dans l'élaboration des projets d'architecture et les succès militaires comme la bataille de Bouvines ou la prise de Château-Gaillard. Il est donc essentiel d'admettre que les formes et les solutions techniques imaginées par le gothique franco-picard possédaient en elles-mêmes une puissance de conviction suffisante pour avoir pu se passer des secours d'une propagande d'ordre politique.

Modalités de diffusion de l'architecture gothique

L'étude de l'architecture gothique peut apparaître comme une sorte de jeu de piste pratiqué par des chercheurs passionnés qui tentent de retrouver par la mise en pratique de toutes les techniques de l'archéologie monumentale, les traces de ces « faiseurs de gabarits » (*template makers)* que furent, pour reprendre l'expression de John James, les maîtres d'œuvre du Moyen Âge gothique. Prenant en compte toutes les catégories d'églises, John James restitue tout d'abord une place fondamentale au Soissonnais et à la région de Laon dans la première phase de diffusion des années 1160-1200 ; l'avantage passe à la région de la Marne, du Rémois et de Châlons dans les années 1220, le relais pris vers 1240 par les chantiers de la capitale devant donner naissance au « style de cour » qui favorisera la diffusion internationale du gothique. L'étude conjointe des grandes cathédrales et des modestes églises paroissiales fait, en outre, apparaître la complexité des phénomènes d'innovation qui ne peuvent pas être interprétés comme des traits de génie de tel ou tel maître, mais comme le fruit d'une patiente élaboration voulue par « l'assemblage d'actes séquentiels et semi-indépendants [...] de plusieurs hommes » qui fait de chaque église une création collective. À ce titre, des édifices apparemment secondaires comme Essômes se révèlent comme des laboratoires de formes qui, associées à d'autres élaborées sur d'autres chantiers, constituent le gigantesque *patchwork* de l'architecture gothique en France. Les principaux propagateurs des formes sont en effet les maçons eux-mêmes, et non les maîtres d'ouvrage qui ne font qu'opérer des choix entre des formules expérimentées sur les chantiers de la génération précédente. Ces « faiseurs de gabarits » circulent d'un édifice à l'autre, passant du chantier d'une cathédrale à celui d'une église abbatiale ou paroissiale, et « signent » leur œuvre par un profil de moulure spécifique, le recours à un système de tracé, le plan d'une pile, qui sont aussi personnels qu'une empreinte digitale. Des édifices « sanctifiés » par la tradition archéologique comme Chartres se révèlent à l'issue de l'approche de James, comme l'œuvre d'équipes qui apparaissent et disparaissent au gré des possibilités d'emploi offertes par d'autres chantiers. Il n'est plus possible dans ce cas de considérer l'histoire de l'architecture gothique par le biais de monographies. Les progrès de la recherche dans ce domaine amènent par ailleurs à reconsidérer l'idée communément admise de la progression des chantiers de l'est vers l'ouest (ou exceptionnellement à Chartres et Amiens de l'ouest vers l'est) qui facilitait la mise en ordre des données archéologiques. La mutation stylistique observée sur les arcs-boutants de Chartres, d'allure encore romane pour la nef, plus gothiques pour le chœur, ou sur le passage du triforium aveugle au triforium ajouré à Amiens ne requiert plus l'élaboration d'une chronologie établie sur des campagnes relativement éloignées dans le temps ; elle peut s'expliquer par un changement du maître de l'œuvre d'une année à l'autre et par une certaine indifférence du commanditaire devant les modifications que celui-ci apporte par rapport aux manières de travailler du maître précédent.

De tout cela naît une manière de concevoir l'avancée des travaux d'une église et la diffusion des formes très nuancée par rapport à l'interprétation, forcément simplifiée, qu'en donnent ordinairement les ouvrages généraux et les manuels qui établirent la réputation de l'architecture gothique.

IV Gothique Plantagenêt
et gothique angevin

La prise de distance de l'histoire « de l'art » par rapport à l'histoire « tout court » et le discrédit jeté par la « nouvelle » histoire sur l'histoire « dynastique » peuvent rendre suspect le titre de ce chapitre, mais la contestation des termes tels que « gothique Plantagenêt » ou « capétien » n'en a pas totalement détruit la pertinence. Le terme de gothique Plantagenêt, que Lefèvre-Pontalis préférait désigner du nom de gothique « angevin » et qu'André Mussat

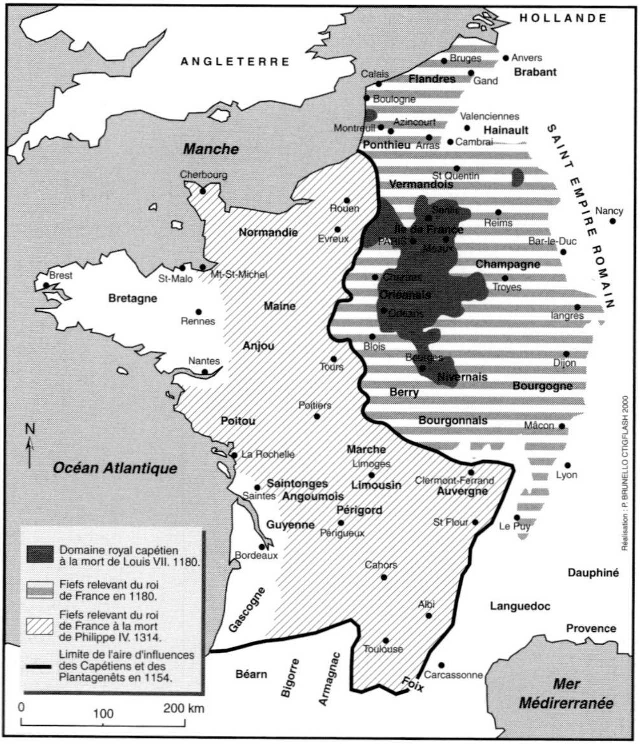

Carte montrant l'évolution du domaine Plantagenêt.

fond dans un « gothique de l'Ouest » polymorphe, désigne une variante de l'architecture gothique marquée par un certain nombre de caractéristiques structurelles ou décoratives très nettement affirmées, concentrées sur des édifices construits dans les contrées dominées par les Plantagenêts entre le milieu du XIIe siècle et le milieu du XVe siècle. L'une des difficultés majeures soulevées par la critique de cette terminologie réside dans le caractère extrêmement fluctuant du domaine Plantagenêt au cours de ces trois siècles d'histoire. Dans les années 1150, à l'aube de l'âge gothique, il est immense. Henri, fils de Geoffroy Plantagenêt, descendant d'une vieille famille de seigneurs angevins, épousait en 1152 Aliénor d'Aquitaine ; deux ans plus tard, il héritait de la couronne d'Angleterre et du duché de Normandie et devenait le prince le plus puissant d'Occident. Mais qu'y avait-il de commun entre une Angleterre encore divisée par les querelles ethniques, les vieux fiefs d'Anjou d'origine carolingienne, la riche et prospère Normandie, haut lieu du monde féodal, et la Guyenne où les descendants des « Vascons » étaient toujours prêts, au prix de quelque trahison, à accroître leur indépendance ? Il serait totalement illusoire d'imaginer une architecture commune à ces régions de cultures si diverses, mais il est en revanche indiscutable qu'au sein de cet « empire », entre Loire et Garonne, a été forgée une manière de bâtir qui déborde les limites de l'Anjou sans couvrir, loin s'en faut, tout l'ouest de la France. Ainsi, même si cette architecture ne doit pas plus aux Plantagenêts que le gothique aux Goths, c'est le terme que nous utiliserons pour désigner des édifices couverts de voûtes d'ogives très bombées, aux nervures multiples, souvent minces, toriques, parfois « passantes », c'est-à-dire traversant l'épaisseur du voûtain et reposant fréquemment sur des culots sculptés. Ces voûtes sont établies sur toutes sortes d'espaces qui ont comme point commun une forte tendance à l'ouverture et un rejet du cloisonnement qui conduit les constructeurs à privilégier la nef unique, souvent très large (Nantilly, 13 m ; nef de Saint-André de Bordeaux, 15 m) ou le parti d'église-halle. L'élancement des supports est recherché et une technique très maîtrisée permet de se passer d'arcs-boutants en donnant aux murs gouttereaux, parcourus fréquemment par des coursières, une certaine épaisseur, comme dans les édifices à files de coupoles de l'âge roman.

Adoption de la voûte d'ogives

Le passage de la coupole à la voûte d'ogives peut être observé dans la petite église paroissiale de Mouliherne dans le Maine-et-Loire. Datée des années 1140 par des comparaisons entre la sculpture du chœur et celle de l'église de Nantilly, l'église a depuis longtemps attiré l'attention des archéologues par les particularités de voûtement de son transept. La simple vue des maçonneries, des irrégularités dans l'appareillage des voûtains, des inadaptations des supports aux retombées des nervures d'ogives, des torsions imposées diversement aux corbeilles des chapiteaux encore pleinement romans, dit assez que nous sommes en présence du témoignage d'une phase d'expérimentation du voûtement gothique. Maladroit dans le croisillon nord, il est tout à fait satisfaisant à la croisée, couverte dans le troisième quart du XIIe siècle, tandis que la travée occidentale, très bombée, avec ses fines nervures toriques reposant sur des culots sculptés est en tout comparable aux plus belles voûtes angevines du XIIIe siècle. La tour de Saint-Aubin d'Angers est un autre de ces monuments qui marquent l'introduction de la voûte d'ogives dans l'Ouest : son appareillage concentrique justifie que l'on parle plutôt à son sujet d'une coupole nervée, solution de couvrement qui allait donner naissance à la véritable voûte angevine mise en place sur la nef de la cathédrale d'Angers.

Mouliherne (Maine-et-Loire), église paroissiale, voûte du croisillon nord du transept. On remarquera l'appareillage des voûtains parallèle au pan du mur qu'il prolonge sans rupture.

Saint-Maurice d'Angers et les nefs uniques à voûtes bombées

C'est à l'évêque Normand de Doué (1149-1153) que l'on attribue le voûtement de la nef de la cathédrale d'Angers. En dépit de leur bombement (la clef de la voûte est à 3 mètres au-dessus de celle des doubleaux), les voûtes d'Angers sont, elles, de véritables croisées d'ogives. Leur ossature comprend doubleaux et formerets à deux rouleaux et des ogives qui n'en ont qu'un ; les arcs sont brisés, les nervures sont portantes, leur épaisseur à la clef est de cinquante centimètres environ et les moellons des voûtains s'entrecroisent sur l'extrados des ogives ; ce sont là des procédés de construction qui n'ont rien à voir avec ceux des coupoles. Est-ce à dire qu'il n'y a aucune relation entre les deux modes de couvrement ? Du point de vue technique cela est incontestable, du point de vue plastique et esthétique la réponse doit être beaucoup plus nuancée.

On ne peut, en effet, ignorer l'influence qu'ont pu exercer sur les hommes de la deuxième moitié du XIIe siècle les expériences tentées par les maçons de la génération précédente à Cahors (1115-1119), à Saint-Avit-Sénieur (vers 1117), à l'abbaye aux Dames de Saintes (1135-1148) ou à la cathédrale d'Angoulême (avant 1128), sans parler de l'abbaye de Fontevrault.

L'introduction de la voûte d'ogives n'allait pas, dans les fiefs ligériens des Plantagenêts, amener l'abandon de la muralité ; même si le passage d'un type de voûte à un autre avait pour conséquence, comme l'a fait remarquer André Mussat, de muer un espace « statique » en un espace « dynamique », la grande nef gothique de Saint-Maurice d'Angers ou celle de l'église de La Couture au Mans offrent encore bien des parentés avec les églises à files de coupoles. Ces grands espaces peu cloisonnés définis par des travées carrées, assez obscurs et délimités par des murs épais et fortement structurés, pouvaient toujours par leur qualité spatiale convaincre les hommes de l'art que les formules du gothique « capétien » n'étaient pas les seules à mériter d'être retenues ; ils s'imposaient encore à la fin du XIIIe siècle dans la vieille capitale du duché d'Aquitaine. On retrouve en effet à Sainte-Rade-

Angers (Maine-et-Loire), cathédrale Saint-Maurice, vue intérieure.

Poitiers (Vienne), église Sainte-Radegonde, nef.

gonde de Poitiers un parti architectural proche de celui de Saint-Serge et Bacchus d'Angers. L'église dédiée à la femme de Clotaire, reconstruite pour la troisième fois en 1099, conserve un chœur et une tour-porche romans, mais sa nef a été entièrement reconstruite au XIIIe siècle. Ses quatre travées barlongues (13 m x 10 m environ) sont couvertes de voûtes d'ogives sexpartites. Commencée par l'est vers 1200, elle fut continuée pendant la première moitié du XIIIe siècle, mais la travée occidentale et la moitié de la suivante ne furent achevées que dans les années 1270. Y apparaissent des baies couvertes en arc brisé pourvues de larges réseaux dans lesquels Yves Blomme voit l'influence du chœur d'Amiens. Les voûtes, quant à elles, doivent être contemporaines de l'achèvement de la nef. L'ancienne salle capitulaire est couverte d'une voûte d'ogives bombée octopartite, portée par des trompes. Là encore il s'agit d'une formule éminemment angevine : tout à Sainte-Radegonde dit le maintien des formules du gothique « Plantagenêt » dans l'architecture du début du XIVe siècle, puisque le don de verrières par Philippe V le Long (1316-1322) semble marquer le *terminus ante quem* pour la reconstruction gothique.

Grandes halles angevines

Les maîtres maçons du Maine et de l'Anjou gothique ne se contentèrent pas cependant d'adapter la voûte d'ogives à ces grands vaisseaux romans. Leur acceptation de la muralité n'était pas la conséquence d'une défiance à l'égard des solutions hardies et des structures légères de l'Île-de-France, de la Champagne et de la Picardie : ils surent dans d'autres édifices faire preuve d'autant de virtuosité dans le maniement des formes graciles que les architectes de Reims ou de Soissons, notamment à la Maison Dieu de Coëffort au Mans, à l'hôpital Saint-Jean ou à l'abbatiale Saint-Serge et Bacchus à Angers.

La Maison Dieu de Coëffort, qui n'était pas originellement une église mais un hôpital, jouit lors de sa fondation de la protection de Henri II Plantagenêt et la tradition veut qu'elle ait été construite vers 1180 en expiation du meurtre de Thomas Becket. Il s'agit d'un grand édifice de type « halle » dont les travées carrées sont couvertes de voûtes d'ogives sexpartites fortement bombées ; les ogives sont, selon la formule angevine, « traversantes », c'est-à-dire prises dans l'épaisseur de la maçonnerie du voûtain et saillantes sur l'extrados des voûtes. Les supports de ces puissantes structures de couvrement sont de minces colonnes (diamètre 55 cm) soigneusement appareillées portant par l'intermédiaire de chapiteaux à feuilles lisses des tas de charge très importants sur lesquels vient se résoudre la retombée des voûtes. Des clefs sculptées et peintes complètent ce dispositif et témoignent de l'élégance avec laquelle s'opère dans cette région la rupture entre l'art roman et l'art gothique. L'hôpital Saint-Jean d'Angers est à peu près contemporain de celui de Coëf-

Le Mans (Sarthe), Maison Dieu de Coëffort.

Angers (Maine-et-Loire), collégiale Saint-Serge et Bacchus. Le chœur vu du transept.

fort. C'est une création du sénéchal d'Anjou sur des terres données par l'abbaye de Ronceray avant 1181. La grande salle semble avoir été voûtée assez vite. Comme au Mans, les colonnes sont très minces (diamètre 48 cm), les tas de charge sont très élevés, les bases et les chapiteaux soignés. La chapelle quant à elle ne reçut que plus tard son voûtement, qui s'apparente à celui du chœur de l'abbatiale Saint-Serge reconstruit dans les années 1215-1225.

Greffé sur une construction remontant en partie au XIe siècle, le chœur de Saint-Serge d'Angers est une grande salle couverte de douze voûtes d'ogives très bombées reposant par l'intermédiaire de hauts tas de charge sur des colonnes extrêmement minces (diamètre 33 cm, hauteur 8,20 m). Les voûtains appareillés chacun de manière autonome présentent tous une surface bombée ; ils sont multipliés par la présence de nervures secondaires qui se rajoutent aux ogives selon une formule qui avait été semble-t-il expérimentée dans les premières années du siècle à Saint-Florent de Saumur. Toutes ces nervures sont traversantes mais amoindries en queue et, de ce fait, également porteuses ; leurs articulations sont soulignées par des clefs sculptées et peintes d'une grande qualité, comme les petites figures qui sont parfois placées à la retombée des nervures. L'extraordinaire légèreté de cette bâtisse montre bien que les maçons angevins possédaient une parfaite maîtrise de leur art et savaient utiliser au mieux les possibilités offertes par les matériaux dont ils pouvaient disposer. Sachant se contenter de schistes pour les murs, ils allièrent la légèreté du tuffeau et la résistance de certains grès primaires pour établir les voûtements particulièrement hardis de l'église de la Toussaint à Angers qui devait tant fasciner les architectes de l'âge classique. Cette église, ruinée en 1815 et transformée en musée, serait en effet fort difficile à étudier aujourd'hui si l'on n'en possédait des relevés effectués sur l'ordre de Germain Soufflot, qui, impressionné par le rapport entre la masse compacte du couvrement et la minceur des supports, voulut s'en inspirer pour la construction à Paris de Sainte-Geneviève. Le chœur de la Toussaint présentait un curieux plan en T, il était couvert de voûtes d'ogives extrêmement minces (13,5 cm selon Rondelet) retombant sur deux grands piliers (diamètre 29,7 cm, hauteur 7,76 m), ce qui conférait à cet espace une élégance toute particulière et un dégagement inhabituel dans l'architecture religieuse contemporaine. Ce chœur surprenant venait se greffer sur une nef dont le couvrement ne l'était pas moins puisqu'il s'agissait d'une « pseudo » voûte d'ogives ou, pour être plus précis, d'une voûte nervurée en berceau brisé à pénétrations.

Ces exemples angevins du début du XIIIe siècle montrent qu'aux environs de 1200, il existait dans cette région de l'empire Plantagenêt un foyer de création architecturale particulièrement actif et novateur, capable de résister au courant dominant, c'est-à-dire au gothique du domaine royal, qui s'imposait dans les terres capétiennes immédiatement voisines, à Blois avec Saint-Lomer ou à Tours avec Marmoutier.

La cathédrale de Poitiers

La cathédrale Saint-Pierre de Poitiers, dont l'originalité a frappé tous les archéologues, apparaît d'autant plus étrange depuis qu'Yves Blomme en a révélé le parti originel de couverture : une série de toits à croupes perpendiculaires à l'axe de la nef et coiffant individuellement chaque travée. L'édifice est la seule église de l'Ouest susceptible de rivaliser par ses dimensions (110 m de long, 30 m de large) avec les « cathédrales géantes » du nord de la France ; la hauteur des voûtes n'atteint cependant que 24,40 mètres, mais dans les trois vaisseaux, puisqu'il s'agit, dans les parties orientales du moins, d'une église-halle. La tradition, fortement étayée par l'érudition, qui attribue la reconstruction de l'ancienne cathédrale à Aliénor d'Aquitaine et à l'évêque Jean Belmain dans les années 1150 permet de replacer la conception de cette église dans le cadre d'une cour extrêmement brillante dans tous les domaines de l'art et de la culture. L'architecte de Saint-Pierre de Poitiers, dont certains pensent

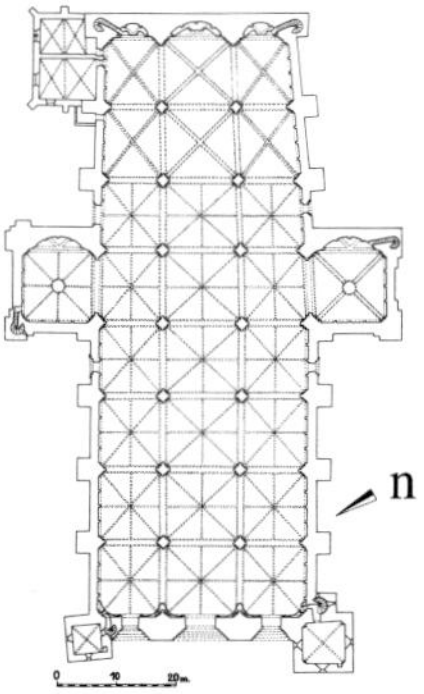

Cathédrale Saint-Pierre de Poitiers, plan.

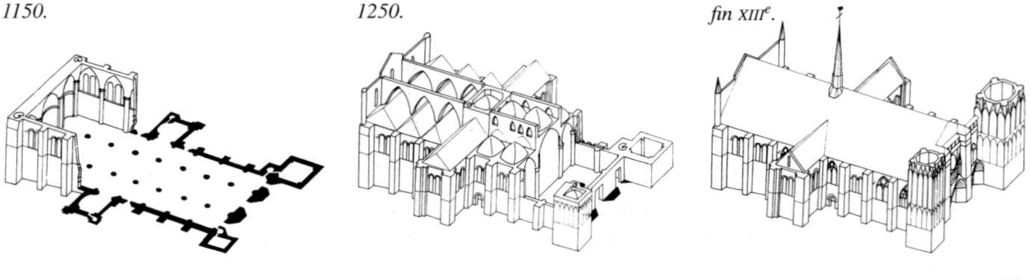

Cathédrale Saint-Pierre de Poitiers, évolution de la construction d'après Blomme.

Cathédrale Saint-Pierre de Poitiers, vue intérieure.

qu'il était peut-être un « ingénieur » militaire, connaissait-il Sainte-Marie-in-Cosmedin de Rome ou certaines églises syriennes, arméniennes ou égyptiennes ? Cela est possible, au vu de la formule utilisée pour le chœur : trois niches concaves, peu profondes, percées dans un mur plat. Les grandes églises à files de coupoles de l'Ouest, modèles plus proches dans l'espace et dans le temps, ont quant à elles inspiré le traitement des murs gouttereaux. La travée à l'avant de l'abside porte la date de 1167 qui marque, selon Yves Blomme, la fin de la deuxième campagne. Cet auteur en dénombre huit, qui conduisirent à l'achèvement de la façade dans la deuxième moitié du XIVe siècle. Entre-temps, dans les années 1230, on avait abandonné le parti originel de couverture et opté pour une formule bâtarde entre le parti basilical et le parti halle. Il en résulte l'adoption d'un comble de 18 mètres de haut porté par une arcature assise au-dessus des voûtes sur les piles de la nef. Ce changement s'accompagne d'une modification de la forme des voûtes, quadripartites et extrêmement bombées dans les deux travées orientales, octopartites, sensiblement plus plates et pourvues de nervures toriques très minces faisant queue dans la maçonnerie dans les six travées occidentales, où la hauteur sous voûte est portée, dans le vaisseau central, à 27,90 mètres. On peut voir dans cette modification une tentative de se rapprocher du type chartrain et des modèles proposés par les grands chantiers « capétiens ». Ce basculement de l'esthétique de la cathédrale est confirmé par la façade, qui correspond à la prise en main effective du pouvoir par le roi de France, Louis IX, qui visite en 1242 le Poitou pour asseoir le gouvernement d'Alphonse de Poitiers, son frère et nouveau maître de la vieille capitale des Plantagenêts. Avec ses trois travées de trois niveaux, ses trois portails sculptés inspirés par ceux de Notre-Dame de Paris, sa grande rose rayonnante, version réduite de celle du bras nord du transept de la cathédrale parisienne, la façade de Saint-Pierre de Poitiers illustre l'abandon de l'éclectisme inventif caractéristique du monde Plantagenêt au bénéfice de ce que l'on est tenté de considérer comme une forme de « langage unique », le gothique rayonnant du domaine capétien.

La diffusion du style

La diffusion du style Plantagenêt, qu'il soit de tendance « angevine » ou « poitevine », a fait l'objet de la thèse d'André Mussat. Cette diffusion s'est effectuée d'une manière si complexe et ambiguë qu'il est impossible d'en proposer en quelques lignes une vision globale. On n'en retiendra ici que les expériences de voûtement des nefs de Saint-Jouin-de-Marnes, d'Airvault ou encore de Moulherne, citée au début de ce chapitre, qui témoignent de la faveur acquise par la formule du grand vaisseau aux voûtes abondamment nervurées au XIIIe siècle. Force est cependant de constater que cette formule, qui allie la virtuosité du traitement des voûtes à la richesse de la sculpture des clefs et des retombées, s'épuisa assez vite et ne se prolongea pas au XIVe siècle par des productions notables.

La cathédrale de Poitiers, « normalisée » en quelque sorte par les campagnes du XIIIe siècle, put également inspirer quelques grands monuments : le chœur de Saint-Maixent dans les années 1200-1220, l'église du Puy-Notre-Dame dans les années 1230-1240, ou encore, en Touraine, la nef de l'église de Candes datable pour l'essentiel du milieu du siècle. Il n'est pas impossible de voir dans certaines églises-halles du XIVe siècle, comme Saint-Michel-des-Lions à Limoges, construite à partir de 1365, l'écho tardif de ce grand édifice. Plus au sud, l'Aquitaine n'a pas été totalement imperméable à l'art Plantagenêt ; bien que les rapports de la nef de la cathédrale de Bordeaux et de celle de la cathédrale d'Angers ne soient plus évidents du fait des transformations subies par l'édifice au cours du XIIIe siècle, ils sont incontestables. Ils sont encore décelables à la collégiale de Saint-Émilion. Le chœur de cette église, originellement « à file de coupoles », fut en effet reconstruit selon la formule de l'église-halle au XIIIe siècle, avant d'être à nouveau modifié aux XVe et XVIe siècles. Jacques Gardelles a souligné les liens de la reconstruction du XIIIe siècle avec les grands édifices du gothique de l'Ouest, Poitiers, Saint-Serge d'Angers, mais aussi Sainte-Maure-de-Touraine ou Ferrière-Larçon.

Cathédrale Saint-André de Bordeaux, vue de la nef prise vers le nord-ouest.

V Éclosion et diffusion du gothique rayonnant

Alors que s'épuisait la verve créatrice du monde Plantagenêt s'affirmaient, dans les premières décennies du XIIIe siècle, les traits de ce qu'allait être le gothique rayonnant, attestés par la reconstruction de la nef et des parties hautes du chœur de Saint-Denis (*cf.* p. 27 et 40) entreprise sous l'abbatiat d'Eudes Clément en 1231. On peut considérer, en effet, que cet édifice qui consacre dans le merveilleux dessin de ses grandes roses le terme de rayonnant est l'aboutissement d'une mise au point rapide des formules chartraines dans une série d'édifices entrepris dans les premières années du XIIIe siècle. Les cathédrales de Reims, d'Amiens et de Beauvais s'inscrivent en effet dans la mouvance de Notre-Dame de Chartres, même si chacune d'elles se démarque de la grande église beauceronne par des singularités souvent elles-mêmes sources de nouveaux courants qui assurèrent la diffusion du gothique rayonnant bien au-delà de sa région d'origine.

Le gothique chartrain

Reims

L'incendie qui ravagea la cathédrale de Reims le 6 mai 1210 était-il, comme certains auteurs le suggèrent, une de ces destructions « providentielles » qui venait à point pour emporter les dernières réticences à une reconstruction ambitieuse longuement planifiée ? On ne saurait l'affirmer ; il est en tout cas certain que la reconstruction fut menée en un temps relativement bref qui laisse supposer que l'évêque Audry de Humbert et les chanoines étaient à même d'y faire face. En 1221, la chapelle d'axe était ter-

Reims, le labyrinthe de la nef selon un dessin du XIXe siècle.

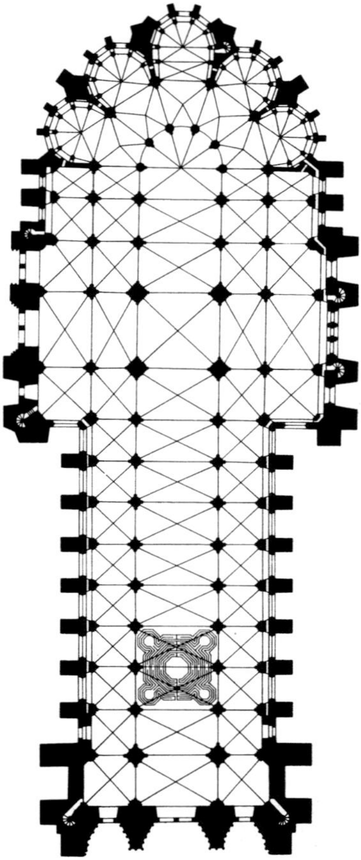

Reims, cathédrale Notre-Dame, plan. Au niveau de la 3e et 4e travée, le labyrinthe dessiné sur le pavement est représenté en projection.

minée, en 1228 la nef ouverte au culte. Les Rémois, sur lesquels la tutelle du clergé pesait déjà lourdement, virent peut-être dans cette reconstruction un chantier que l'on qualifierait de nos jours de « pharaonique » et ruineux, ils se révoltèrent en 1233 contre les chanoines qui durent fuir la ville ; les pierres préparées pour l'église furent utilisées à des œuvres de fortification et la reprise en main de la situation par l'évêque, si elle permit la reprise des travaux, ne réussit pas pour autant à réconcilier la population avec la cathédrale : en ce sens on peut considérer cet événement comme emblématique d'un changement d'attitude face à ces grands projets. L'élan « populaire » de la fin du XIIe siècle, qui avait présidé à l'érection des cathédrales de Chartres ou de Laon, semble se ralentir, voire se briser. Plusieurs éléments y contribuent, et en premier lieu le coût phénoménal de ces constructions, qui a pu être évalué par John James pour Chartres à environ quatre cent trente-cinq millions de francs, soit quatorze millions de francs annuels. Faut-il penser que les hommes du XIIIe siècle avaient l'impression que ces cathédrales compromettaient l'essor économique, comme le suggéra Roberto Sabatino Lopez dans un article fameux publié en 1952 ; doit-on plutôt y voir un changement de mentalité lié à l'action des ordres mendiants qui bouleversaient la pratique dévotionnelle autant que la géographie ecclésiastique des villes, attirant vers leurs couvents, au détriment des collégiales et des cathédrales, des couches de plus en plus larges de la population ? Quoi qu'il en soit, le chantier commencé au lendemain de l'incendie de 1210 devait se prolonger sous la direction de quatre architectes

Reims, cathédrale Notre-Dame.

jusqu'en 1275. Jean-Pierre Ravaux s'est efforcé naguère de reconstituer l'avancée des travaux et a cru discerner douze « campagnes » de construction qu'il répartit entre les quatre noms d'architectes que révélèrent les inscriptions portées sur le « labyrinthe ». Comme à Chartres, à Amiens et dans un certain nombre d'autres grands édifices, figurait en effet sur le pavement de la cathédrale de Reims l'image d'un labyrinthe associé, ici, à la désignation des maîtres successifs de l'œuvre de la cathédrale : Jean d'Orbais (1210-1220 ?), Jean Le Loup (1221-1237), Gauthier de Reims (1252-1265) et Bernard de Soissons (1265-1275) qui mena à son terme la mise en place du gros œuvre. Malgré les très nombreuses et savantes études sur la cathédrale, il demeure extrêmement difficile de rattacher à cette chronologie déjà en partie hypothétique et parfois contestée telle ou telle partie de l'édifice. La cathédrale n'était pas encore terminée après le départ de Gauthier de Reims : ni la façade, étudiée minutieusement par Pieter Kurmann, ni la couverture, ni les couronnements et les tours n'étaient achevés. En dépit de cette succession de maîtres et des aléas de son histoire, la cathédrale de Reims se caractérise par une formidable unité de style qui permet de supposer que les commanditaires furent fort attentifs à ce que seules de très légères modifications fussent apportées au parti originel. Le plan est admirable dans ses proportions, sa simplicité, sa fonctionnalité : le vaisseau central bordé de simples collatéraux se développe sur neuf travées ; le transept légèrement saillant ménage une transition douce avec le chœur à déambulatoire et chapelles rayonnantes. La fusion des deux éléments est renforcée par le fait que le chœur des chanoines se développait dans les deux premières travées de nef et que les fonctions paroissiales étaient dévolues à la chapelle axiale légèrement plus profonde. Ajoutons à cela un volume intérieur dominé par la symétrie de l'élévation où grandes arcades et fenêtres hautes s'équilibrent de part et d'autre d'un triforium qui établit, avec le bandeau sculpté qu'il surmonte, une horizontalité marquée, le traitement des baies en châssis de pierre (le remplage « rémois ») et l'élégante élévation intérieure que constitue le mur de façade, et l'on a les ingrédients essentiels qui font de la recette employée à Notre-Dame de Reims la formule la plus élégante, la plus aboutie, la plus équilibrée du gothique rayonnant.

Amiens

Au milieu du XIIIe siècle se situe l'apogée de cette phase de l'architecture gothique. C'est alors que se développe le chantier d'Amiens qui, entrepris à la suite d'un incendie survenu en 1218, avait rattrapé celui de Reims. Opposer les deux édifices n'a de sens que pour les grands spécialistes de l'architecture gothique du XIIIe siècle : les formules sont voisines, même si à Amiens, la proportion réduite du chœur par rapport à la nef, la profondeur de la chapelle axiale, la rupture de l'équilibre vertical par accroissement de la hauteur des grandes arcades et la

Amiens, cathédrale Notre-Dame, nef et premières travées du chœur.

diminution du bandeau feuillagé régnant au-dessus d'elles, la part de plus en plus réduite laissée au mur par l'adoption du triforium ajouré dans le chœur, constituent les germes d'un nouveau traitement de l'espace intérieur appelé à connaître un grand succès dans les dernières décennies du siècle. Amiens connut, comme Reims, mais une génération plus tard une période de tension qui opposa la bourgeoisie de la ville aux chanoines, mais cela n'eut guère d'incidence sur la marche des travaux de gros œuvre qui s'achevèrent par le chœur : la verrière de la fenêtre d'axe est datée de 1264. Comme à Reims, un labyrinthe gravé dans le sol de la nef nous livre le nom des architectes : Robert de Luzarches qui entreprit les travaux par le chœur de l'édifice, lançant la construction à la fois vers l'est et vers l'ouest ; Thomas de Cormont, qui mena la construction de la nef et du chœur jusqu'au triforium ; Regnault de Cormont, son fils, qui éleva la croisée en 1263.

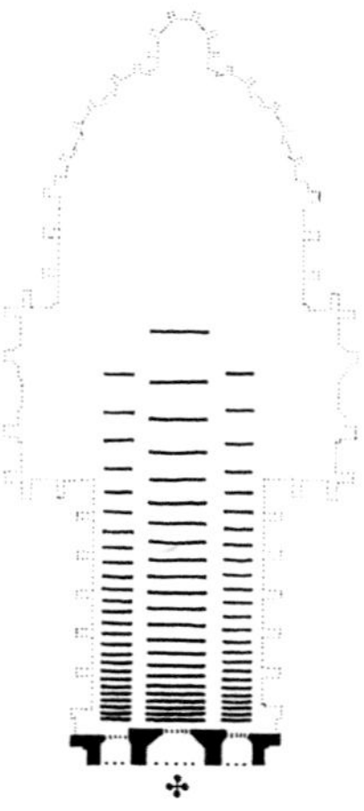

Amiens, cathédrale Notre-Dame, croquis schématique de Stephen Murray illustrant la composition rythmique de l'édifice, et la vision dynamique de l'architecture de celui qui parcourt la nef d'ouest en est.

[memore quant leuvre de legl(is)e
de cheens fut com(m)enchie. Et si com(m)e
il est escript el moilon dele
maison dedalus
– à l'encre rouge –
En lan de grace mil IICXX
fut leuvre de cheens premiere
ment encom(m)enchie.adonc
yert de cheste evesquie evrart e
vesque benis. et roy de france loys
q(u)i fu filz phelippe le sage
Chil q(u)i maistre yert de loeuvre
maistre robert estoit nommes et de
lusarches surnom(m)es. maistre
thomas fu apres luy de cormo(n)t
et apres ses filz maistre reg
nault qui mectre fist a chest
point chy ceste lectre que lin
carnation valoit XIIIc ans
XII en faloit].
(Inscription gravée de la cathédrale d'Amiens, d'après une copie du XIVe *siècle conservée aux Archives départementales de la Somme : G 2975, 247.)*

Comme à Reims, la cathédrale n'était pas achevée à la fin du siècle et les superstructures attendirent longtemps leur couronnement puisque les tours de façade ne datent que du début du XVe siècle. La lecture que l'on proposait d'Amiens il y a encore quelques années en faisait une sorte d'édifice pivot. La nef aurait été terminée en 1236, marquant le triomphe du gothique « classique » ; le chœur avec son triforium ajouré surchargé de gâbles n'aurait été entrepris qu'alors et terminé en 1269, portant en lui des germes maniéristes, voire baroques pour reprendre les catégories wölffliniennes, d'un art qui allait naturellement évoluer vers le flamboyant. La remise en cause de cet évolutionnisme marqué au coin du darwinisme n'est pas la seule raison pour rejeter aujourd'hui cette explication. En insistant sur la volontaire différenciation du chœur réservé au clergé et de la nef où se cantonnent les laïcs, Dieter Kimpel et Robert Suckale n'ont sans doute pas tort, même si, après les minutieuses mises au point de Stephen Murray, il demeure certain que la nef a toujours maintenu une longueur d'avance sur le chœur et si le triforium ajouré est dû à une initiative tardive de Regnault de Cormont. Au-delà des querelles d'érudits qu'ont pu susciter les interprétations de l'édifice se profile une réalité incontestable : en dépit de ses imperfections et des incertitudes qui planent encore sur sa chronologie, la construction d'Amiens constitue un pas de plus, après Reims, vers l'absolu esprit de système auquel tend l'architecture gothique. Viollet-le-Duc ne s'y est pas trompé, qui considérait la cathédrale picarde comme le Parthénon de l'architecture gothique. L'extrême régularité du plan révélée par les relevés de James Addis, les infimes variations de mesures introduites pour corriger ou modifier la perception de l'espace et le souci d'équilibre structurel que révèlent les études de Murray, la systématisation de la taille en série mise en évidence par Kimpel confirment que cette cathédrale constitue l'aboutissement d'expériences cumulées depuis un siècle.

Beauvais

L'incendie de la cathédrale Saint-Pierre de Beauvais, dont subsiste un fragment de la nef préromane, « la Basse-Œuvre », est également à l'origine de sa reconstruction, promue par l'évêque Milon de Nanteuil. Les travaux entrepris au niveau du transept ou du chœur commencèrent vraisemblablement au lendemain de l'incendie, dès 1225 ; le chantier eut à souffrir d'un conflit qui opposa le roi à l'évêque en 1232, mais sous l'épiscopat de Guillaume de Grez (1249-1267), on décida de surélever de 5 mètres le couvrement de la nef prévu à l'origine à 43 mètres environ, ce qui aurait porté la voûte à une hauteur de 144 pieds, chiffre évocateur de la Jérusalem Céleste aux yeux des commanditaires. Quoi qu'on ait pu écrire et penser à la suite de Viollet-le-Duc, ce n'est vraisemblablement pas à cette hauteur « excessive », à l'emploi de colonnes en délit, ou à une pratique par trop routinière des techniques gothiques qu'est dû l'effondrement

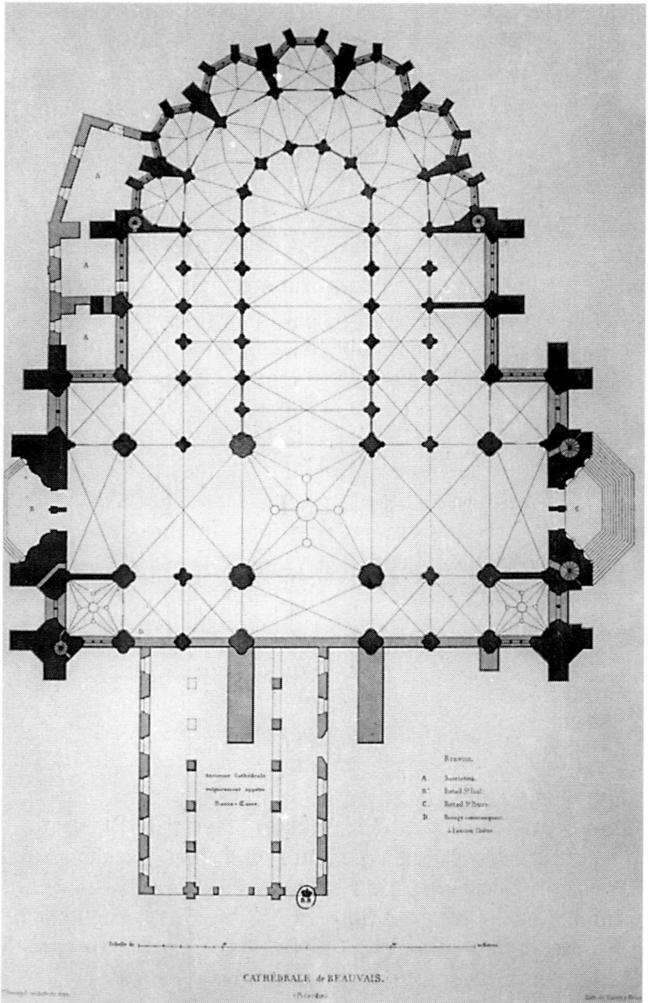

Beauvais (Oise), cathédrale Saint-Pierre, plan de Sauvageot, 1897.

survenu en 1284. La hardiesse de la construction était autorisée par l'équilibre des masses et le recours à une puissante armature de fer, mais elle nécessitait d'être calée par un nouveau transept, or, en 1272 les travaux furent interrompus après la célébration d'un office solennel marquant l'achèvement du chœur. Douze années plus tard, les piles occidentales du chœur, qui auraient dû être confortées par la construction de la nef, s'affaissaient, entraînant la ruine de l'ouvrage. L'état actuel du chœur est dû à la reconstruction entreprise à partir de 1338 par l'architecte Enguerrand Le Riche, et terminée vers 1500 par le transept de Martin Chambiges.

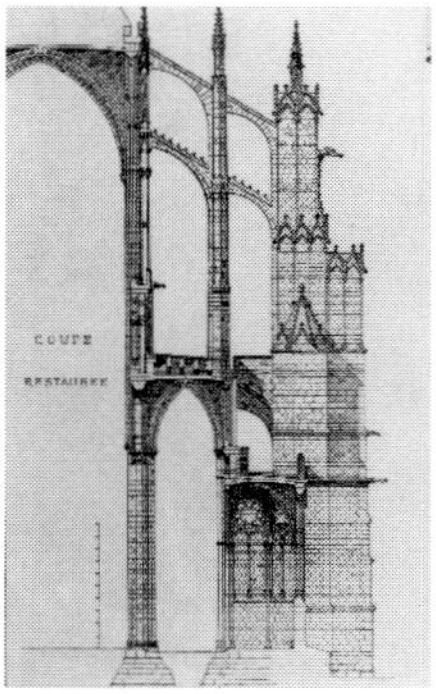

Beauvais, cathédrale Saint-Pierre, vue d'ensemble du chevet.

Ce tragique événement de 1284 semble avoir mis momentanément un terme à la compétition effrénée qu'entretint durant les décennies précédentes le clergé des grandes églises françaises : il faut attendre les environs de 1400 pour qu'à Milan ou à Séville on envisage de reprendre le flambeau du gigantisme que Narbonne, dans les années 1280, avait été tentée de ravir à Beauvais

	Longueur	hauteur
Chartres	130,20 m	37,00 m
Reims	138,50 m	37,95 m
Amiens	133,50 m	42,30 m
Beauvais	70,00 m	46,77 m

Les cathédrales « de Jean Deschamps »

Le chœur de la cathédrale Saint-Just de Narbonne permet en effet d'être assuré que cette compétition n'est pas une vue de l'esprit des historiens de l'art, mais une réalité historique qu'illustre parfaitement une bulle de Clément IV datée de 1266. Afin de soutenir la construction (*reparare de novo structura operis sumptuosis)*, le pape concède des indulgences et justifie le parti architectural adopté par le désir de « faire à l'imitation des nobles et magnifiques églises réalisées et des œuvres (en cours) d'églises qui sont construites ou furent construites par le passé dans le royaume de France ». Avec une hauteur de 40 mètres sous voûte pour une largeur du vaisseau central de 15 mètres, la cathédrale de Narbonne peut être considérée du point de vue des dimensions comme le pendant méridional d'Amiens, mais, comme Saint-Pierre de Beauvais, Saint-Just de Narbonne est réduite à son chœur et à un transept laissé inachevé depuis 1332. Après la publication des études de Christian Freigang, on ne peut plus se contenter de réduire ce monument à l'une des créations de Jean Deschamps dont l'érudition des générations précédentes avait fait l'architecte d'une belle série d'églises gothiques du midi de la France.

Narbonne

La première pierre de la nouvelle cathédrale, ornée d'une croix d'or, fut posée le 3 avril 1272 et l'entrée solennelle dans le nouveau chœur fut célébrée le 19 avril 1332. Dès 1289, les premières chapelles étaient terminées. Jean Deschamps était le *magister principalis* de l'œuvre depuis le 28 novembre 1286, pour trois sols de gages quotidiens « plus 100 solz pour l'entretien de la maison où il demeure à Narbonne et 101 annuellement pour ses habits ». Au terme de l'analyse extrêmement détaillée de l'édifice proposée par Christian Freigang, le nom de Jean Deschamps ne pourrait être lié avec certitude qu'à la troisième campagne de construction, à laquelle se rattachent les épures conservées dans la chapelle axiale. Après 1295,

Narbonne, cathédrale Saint-Just Saint-Pasteur, déambulatoire. Le passage ménagé entre les chapelles rayonnantes à l'arrière des piles fasciculées accroît considérablement la transparence des espaces : c'est là un trait de génie que l'on peut attribuer à Jacques de Faveran.

c'est à Jacques de Faveran qu'est attribuée la modification radicale du projet, qui amena l'adoption de piles circulaires flanquées de huit colonnettes, formule que Dominique de Faveran, fils de Jacques, devait exporter à Gérone. La dernière campagne consista en l'achèvement des parties hautes à partir du triforium. Le chœur comprend quatre travées droites, une abside à sept pans, de simples collatéraux bordés de chapelles communiquant entre elles comme à Toulouse et un déambulatoire à cinq chapelles rayonnantes. Le couvrement des chapelles, aussi élevé que celui du collatéral (20 m), et la sveltesse des piles du rond-point contribuent à l'impression d'élancement que renforce l'étroitesse relative du vaisseau central (15 m de large pour 40 m de hauteur sous clef). Cette élégance, accentuée encore par l'austérité de la modénature qui s'accroît à partir de la quatrième campagne, se retrouve dans le traitement extérieur. Les emboîtements de volumes et les interpénétrations de plans, qui se lisent dans le traitement des parties basses, témoignent d'un raffinement extrême, tandis que la fantaisie du crénelage purement décoratif des grands arcs tendus entre les culées d'arcs-boutants affiche une vocation militaire confirmée par la présence de chambres de tir logées entre les chapelles rayonnantes, au pied de ces mêmes culées.

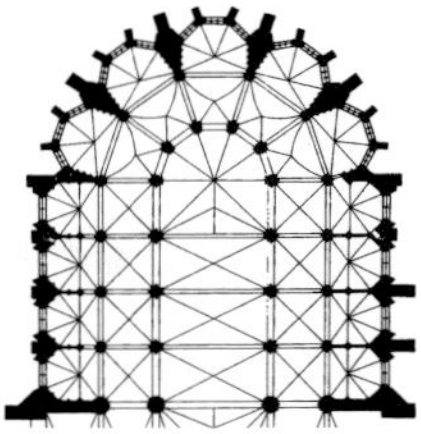

Narbonne (Aude), cathédrale Saint-Just Saint-Pasteur, plan du chœur, d'après Nodet, 1899.

Narbonne, cathédrale Saint-Just Saint-Pasteur, détail des parties basses du chevet montrant les jeux d'interpénétration de volumes annonçant l'esthétique des bases du gothique tardif.

Clermont-Ferrand (Puy-de-Dôme), cathédrale, chevet.

La culture moderne accepte difficilement l'anonymat des œuvres médiévales et se laisse bercer par l'illusion que dans le domaine artistique, attribution vaut compréhension. À la suite de Viollet-le-Duc, Émile Mâle, Élie Lambert et tous ceux qui se sont intéressés à l'architecture gothique ont considéré que le maître de l'œuvre qui dirigeait en 1248 le chantier de la cathédrale de Clermont-Ferrand fut également l'architecte de plusieurs des grandes églises gothiques du midi de la France. Le mythe de Jean Deschamps, forgé par des générations d'érudits, repose sur quelques parentés formelles entre les cathédrales de Clermont-Ferrand, Limoges, Rodez, Toulouse, Narbonne, Agen (détruite), Bordeaux, l'église de Ravel-Salmerange et le baldaquin de la crypte de Saint-Sernin de Toulouse. À cela s'ajoute une série non négligeable d'occurrences du nom Jean Deschamps dans des textes dont rien ne prouve qu'ils se réfèrent au même personnage : à Clermont-Ferrand une épitaphe connue par une transcription du XVIIe siècle, un contrat de 1286 où il est dit maître de l'œuvre de la cathédrale de Narbonne, auquel vient s'ajouter une mention comme témoin dans un acte clermontois de 1287 et une concession de bénéfices accordée en 1309 par le pape Clément V au maître de la fabrique de la cathédrale de Bordeaux, récemment révélée au grand public par Claude Andrault-Schmidt. Il est à peu près certain qu'un maître capable de conduire en 1248 le chantier de la cathédrale de Clermont-Ferrand pouvait difficilement assurer la direction de la « fabrique » de Bordeaux en 1309 : cela supposerait une longévité exceptionnelle et un « déroulement de carrière » étrange, car au Moyen Âge, la direction

Limoges (Haute-Vienne), cathédrale, vue intérieure.

Rodez (Aveyron), cathédrale, chevet.

de l'œuvre et celle de la « fabrique » relèvent généralement de compétences bien différentes. D'autres Deschamps apparaissent, du reste, dans la documentation ayant trait aux cathédrales du Midi : Pierre, fils d'un maître de Clermont répondant au même nom, à Rodez en 1339, Pierre (fils du précédent ?), maître d'œuvre à Clermont en 1357, Pierre, *obrier de pierra,* à Gourdon en 1311, à Rodez en 1339, Bertrand en 1320 à Bordeaux, Guillaume, encore un « fabricien », à Rodez en 1355. Au terme des analyses serrées menées par Michael T. Davis et Ch. Freigang sur Clermont et Narbonne, on est maintenant davantage tenté d'interpréter ces données tant documentaires que stylistiques comme les signes de l'activité d'une famille, peut-être même pas strictement biologique, de maîtres maçons avec laquelle se confondent par homonymie quelques administrateurs de fabrique. Ces Jean, Pierre, Bertrand, Guillaume Deschamps dont il est impossible de préciser la parenté supposée signent leurs interventions sur les chantiers gothiques de la fin du XIIIe siècle et du début du XIVe siècle par l'adoption de formules assez caractérisées sinon caractéristiques : triforium aveugle contournant les piles, toits plats ou en terrasse, arcades très aiguës, mouluration nerveuse, recours fréquent à la pénétration des nervures dans les piles.

Le « style » Deschamps

Cette remise en question radicale et récente des confortables pseudo-certitudes de l'historiographie ne doit pas pour autant amener à rejeter totalement l'idée selon laquelle ces édifices procèdent, sinon du même cerveau, du moins du même esprit et illustrent parfaitement la modalité de diffusion de l'architecture du gothique rayonnant : les grands principes de l'architecture franco-picarde du début du XIIIe siècle sont exportés par des maîtres ayant fait leurs classes sur les chantiers de Chartres, Soissons, Reims, Amiens, Beauvais, etc. Ils les adaptent avec beaucoup de subtilité à des traditions locales appropriées aux goûts ou aux savoir-faire des régions où ils s'installent. Ainsi, même si elles ne peuvent plus être attribuées à un seul et même personnage, les cathédrales dites « de Jean Deschamps » offrent de telles similitudes qu'il a fallu beaucoup plus de recherches et d'érudition pour les dissocier ces dix dernières années que pour les assembler au cours des décennies précédentes. Replacées dans un contexte plus vaste, qui étend l'aire d'expansion du gothique jusqu'aux rivages de la Méditerranée, les cathédrales dites « de Jean Deschamps » semblent suggérer que dans ces terres où résistent les traditions romanes, la disparition quasi totale des murs au profit des verrières, l'importance accordée aux hautes charpentes « à la mode de France » devaient apparaître incongrues ; cela ne signifie nullement que les gens du Midi aient été rétrogrades, car, par ailleurs, ils laissaient toute latitude aux maîtres d'œuvre pour introduire des nouveautés appelées à connaître elles-mêmes un rayonnement très large : arcs très tendus, mouluration douce, adoption du pilier fasciculé ou ondulé, modification des réseaux des baies par l'adoption des contre-courbes qui annoncent le flamboyant. Certains de ces traits stylistiques ne sont apparus cependant que dans les campagnes tardives menées sur les cathédrales « de Jean Deschamps » par des maîtres d'œuvre qui, pour l'essentiel, se pliaient à un projet élaboré parfois plusieurs décennies auparavant. Les magnifiques piles narbonnaises flanquées de huit minces colonnettes introduites vers 1320 à Gérone par Jacques de Faveran, fils de Dominique de Faveran qui avait succédé à Jean Deschamps, furent conçues vers 1295 ; le pilier ondulé ne fut introduit à Rodez que dans les années 1310-1320 et le remplage « proto-flamboyant » des baies de Narbonne n'est pas antérieur aux années 1330. La grande leçon que l'on doit tirer de la mise à mal de ce « mythe historiographique » que constituent les cathédrales « de

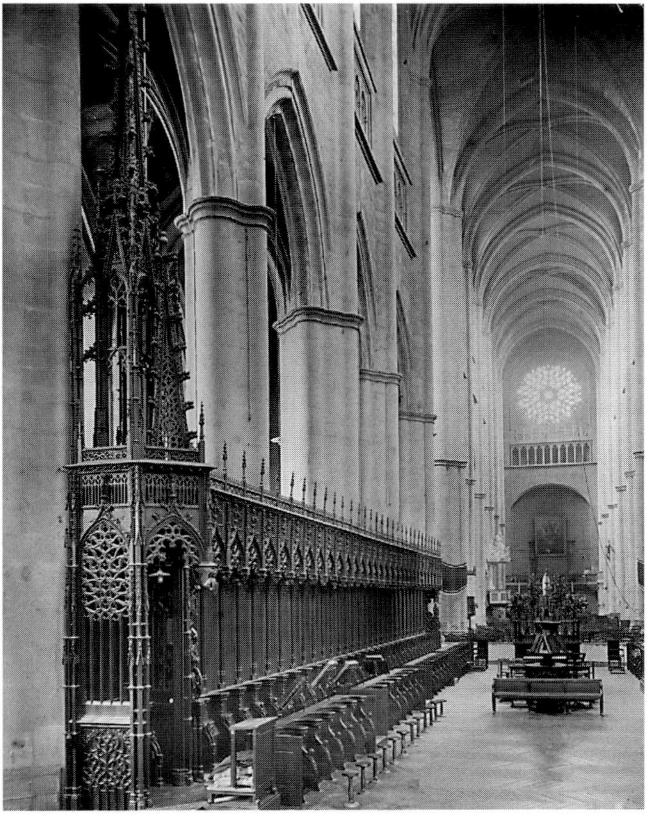

Rodez (Aveyron), cathédrale Notre-Dame. On remarque les curieuses « piles ondulées » du chœur.

Jean Deschamps » est que l'attribution d'une cathédrale médiévale à un architecte est pratiquement impossible dans la mesure où les maîtres les plus renommés et les plus talentueux n'ont jamais pu, du fait de la durée des chantiers, que construire une partie d'un édifice. Jean Deschamps (I) a peut-être établi le plan de Clermont, mais c'est Jean Deschamps (II) qui en a réalisé le transept en même temps que celui de Narbonne, avant que Dominique de Faveran ne lui succède pour apporter des modifications inspirées par Saint-Étienne de Toulouse.

Autres édifices septentrionaux dans le Midi

À côté de cette série d'églises choyées par l'historiographie, l'architecture gothique « à la française » (*opere francigeno*, selon l'expression utilisée vers 1280 par Burchard de Halle) triomphait un peu partout en France et en Europe dans la deuxième moitié du XIIIe siècle. Il convient de souligner que ce succès était loin de se cantonner aux villes et aux régions où la monarchie française se devait d'affirmer sa présence, comme à Carcassonne ou à Poitiers ; même dans des territoires peu susceptibles de favoriser la propagande capétienne, comme à Bayonne, on opte pour un chœur inspiré par celui de Soissons, et c'est au roi d'Angleterre que l'on demande en 1258 des subsides pour aider à la reconstruction. À Bazas, autre ville anglaise, en 1233 c'est Arnaud de Tontolon, sénéchal du roi-duc, qui posa la première pierre d'un chœur à déambulatoire et chapelles rayonnantes dont les piles offrent un profil ondulé qui annonce celui des piliers de la cathédrale de Rodez, alors que celles de la nef ont un plan typiquement rémois. Le mouvement se prolonge au XIVe siècle à

Carcassonne (Aude), cathédrale Saint-Nazaire, transept.

Vendôme (Loir-et-Cher), église abbatiale de la Trinité, chevet.

Évreux où la reconstruction entreprise dans les années 1260 se poursuit jusque vers les années 1330-1340, à La Trinité de Vendôme, où le chœur est en travaux en 1306 et dans bien d'autres édifices du domaine royal, impossibles à énumérer ici. Les territoires dominés par le roi d'Angleterre ne sont pas étrangers au rayonnement de cet art « de cour » extrêmement élégant et raffiné ; l'abbatiale Saint-Ouen de Rouen, entreprise en 1318 par l'abbé Jean Roussel, dit « Marc d'Argent », en est le témoignage éclatant : 133 mètres de long, 33 mètres de hauteur sous clef, chœur à déambulatoire et chapelles rayonnantes empreints du classicisme « à la française » ; mais à des détails comme la grandeur décroissante des chapelles et l'implantation biaise des tours de façade, se devine un certain maniérisme que l'on retrouve dans les gâbles ajourés du portail des Libraires de la cathédrale normande et dans les motifs nouveaux des remplages des grandes roses de Sées ou d'Auxerre. C'est essentiellement dans le travail sur les réseaux et la modénature, par le biais desquels se mesure la lente évolution vers le style flamboyant, que se porte la capacité d'innovation des maçons et c'est son étude qui dans les années à venir permettra de résoudre bon nombre d'incertitudes de notre savoir.

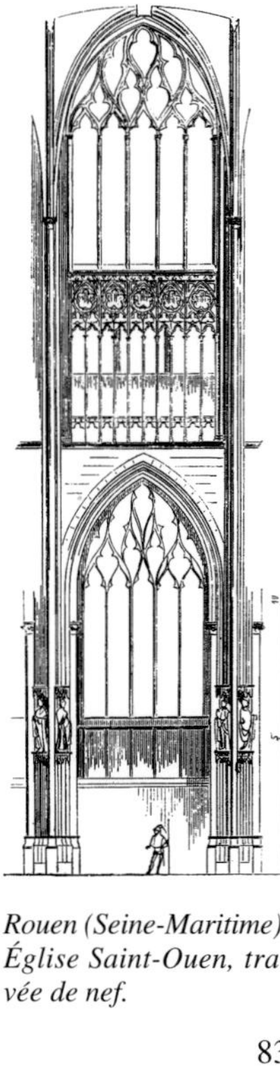

Rouen (Seine-Maritime). Église Saint-Ouen, travée de nef.

VI Les résistances à Chartres dans la France du nord

La mode historiographique a, semble-t-il, quelque peu relégué la vieille théorie des écoles d'architecture exposée avec clarté par Robert de Lasteyrie en 1926 au profit d'une approche plus nuancée, certes justifiée, mais qui ne condamne pas pour autant l'incontestable clarification élaborée par les érudits du début du siècle.

Normandie

L'« école normande », définie par des arcs profonds, un décor sculpté abondant, des tailloirs circulaires, des arcs aigus, des murs épais parcourus de passages qui les dédoublent, le maintien de tours-lanternes à la croisée des transepts et un foisonnement de clochetons, se maintient ainsi, au-delà de l'intrusion des formules « franciliennes » retenues pour la cathédrale de Lisieux, dans d'autres églises normandes. À Rouen par exemple, Jean d'Andeli, maître de l'œuvre du chœur dans la première décennie du XIIIe siècle opte pour une élévation à trois niveaux qui semble inscrire la nouvelle cathédrale dans la mouvance chartraine (ou soissonnaise), mais les puissantes colonnes cylindriques à tailloir circulaire, le dessin très aigu des grandes arcades, la modénature fouillée, affichent, comme la tour-lanterne aux murs dédoublés, des traits régionaux très marqués. Une vingtaine d'années plus tard, le « maître de Bayeux » affirme très clairement son attachement à la formule du mur épais qui lui permet de placer une coursière à l'avant des fenêtres hautes. Cette formule du mur épais appelle, ici comme à Coutances, un dédoublement des piles du rond-point du chœur qui se convertissent en minces colonnes jumelées de dix mètres de hauteur, d'autant plus élancées que les voûtes atteignent à peine 21 mètres de hauteur sous clef. Ces partis d'élévation inté-

Bayeux (Calvados), cathédrale, chœur.

rieure qui intègrent si habilement au modèle dominant des options structurelles et formelles purement locales s'accordent avec les volumes extérieurs fermement délimités, ponctués de tours parfois imposantes. La tour-lanterne de la cathédrale de Coutances est assise sur les puissantes piles de la croisée, elle passe à l'octogone dès le niveau de la clef des grandes arcades par l'intermédiaire de trompes en encorbellement ; au-dessus se développent deux niveaux richement animés par des jeux d'arcades superposées qui mettent en valeur la masse murale parcourue de passages. Au premier niveau, c'est une galerie de circulation qui est ménagée entre le mur extérieur et une claire-voie de seize arcades géminées ; au-dessus, une puissante corniche sculptée sert d'appui à une arcature,

Coutances (Calvados), tour lanterne, intérieur.

identique à celle qui court à la base de l'octogone. En fort retrait, des colonnettes recevant la retombée des seize nervures de la voûte dessinent des travées dans lesquelles s'inscrivent des baies en tiers-point aveugles et des fenêtres hautes dépourvues de remplage. La hauteur sous clef est de 41 mètres, mais à l'extérieur un étage supplémentaire surélevait ce tambour, unifié verticalement par d'immenses baies géminées cantonnées de tourelles octogonales. Aux flèches aiguës qui couronnent ces tourelles devaient répondre celle de la tour elle-même, qui ne fut jamais réalisée.

On aurait sans doute tort de voir dans l'affirmation tranchée de choix esthétiques si fortement enracinés dans la tradition locale une manifestation délibérée de rejet d'un courant que seule la force d'une tradition historiographique contemporaine, sans doute fascinée par les hauteurs sous voûtes atteintes au XIIIe siècle par les édifices de type chartrain, a pu faire considérer comme prépondérante. C'est néanmoins par cette notion de « résistance à Chartres » que Jean Bony a tenté, en 1957, de réunifier un certain nombre de courants gothiques qui cadraient mal avec le découpage en écoles régionales élaboré par les archéologues du début du siècle. Bourges lui apparaissait comme la plus spectaculaire réussite du courant non chartrain, en dépit de son faible rayonnement, qui semble s'être limité au chœur de la cathédrale du Mans (marqué par ailleurs de traits normands) et à la lointaine cathédrale de Tolède.

Coutances, tour lanterne, extérieur.

Un chef-d'œuvre atypique : Bourges

Au cœur d'une cité considérable qui pouvait compter 12 000 habitants au début du XIIIe siècle, Bourges est l'une de ces cathédrales géantes (120 m de long, 45 m de large, 38 m de hauteur sous voûte) abritée par une immense charpente exceptionnellement conservée, qui illustre la *libido aedificandi* stigmatisée par Pierre le Chantre. Comme à Chartres, la construction fut menée en un temps relativement bref puisque, commencé en 1195, l'édifice était pratiquement terminé dans les années 1250 lorsque l'on s'attachait à dresser à l'avant de ses cinq vaisseaux une large façade harmonique percée de cinq portails sculptés. Henry de Sully, qui entreprit la construction de l'immense église, était le frère d'Eudes, archevêque de Paris : c'est ainsi que l'on explique le parti d'une nef

Bourges (Cher), cathédrale Saint-Étienne, chevet.

dépourvue de transept saillant. Mais les similitudes s'arrêtent là : à Bourges le transept est inexistant, même en élévation, ce qui contribue, avec l'étagement des doubles collatéraux à créer un espace intérieur unifié absolument unique en son temps. C'est en pénétrant dans l'édifice par les portes latérales, vraisemblablement prévues pour la façade occidentale d'un édifice évidemment bien différent de celui qui fut en fin de compte réalisé, que l'on appréhende le mieux la singularité de cette église. Ce qui frappe tout d'abord, c'est l'élancement considérable des piles circulaires, flanquées de minces colonnettes montant de fond, qui se perdent dans les murs gouttereaux de la nef qu'elles animent d'un léger renflement. La maîtrise technique est mesurable : chaque pile de Bourges pèse envi-

Bourges, cathédrale Saint-Étienne.

ron 400 tonnes, soit moins de la moitié de celles de Chartres dont le poids est estimé par Robert Mark à 1 000 tonnes. Mais la différence fondamentale entre les deux cathédrales jumelles réside essentiellement dans la conception de l'articulation des volumes intérieurs. Contrairement aux édifices de tradition chartraine, aux espaces strictement compartimentés, Bourges présente un espace, certes hiérarchisé, mais totalement unifié dans la perception simultanée de chacune des parties de l'édifice : nef, collatéraux, chœur, déambulatoire et chapelles rayonnantes. Ces dernières, de dimensions extrêmement réduites, n'avaient peut-être pas été prévues lorsque l'on dressa, à l'extérieur de l'enceinte de la ville, et donc en contrebas par rapport au sol de la nef, un étage de soubassement constituant une pseudo-crypte réduite à un large chœur à double déambulatoire. Le maître d'œuvre du chevet fit preuve d'une grande fantaisie en établissant des absidioles semblables à de petites échauguettes, supportées par des culots en tronc de cône calés sur un contrefort rectangulaire. Pour rassurer le regard et conforter l'impression d'équilibre, il étaya les culots de minces colonnes en délit, bien inutiles du point de vue structurel.

Saint-Yved de Braine

À côté de Bourges, une place singulière est faite dans la vision de Jean Bony à l'abbatiale prémontrée de Saint-Yved de Braine, construite entre 1195 et 1205, présentée comme une curiosité. Cet édifice de dimensions réduites offre des particularités notables dans le style majestueux des chapiteaux couronnant des piles rondes, l'élévation tripartite aux percements très austères, mais surtout dans le plan de son chevet. Celui-ci, peut-être inspiré de celui de Mons-en-Laonnais ou de Saint-Michel-en-Thiérache, présente des chapelles biaises, selon une formule appelée à connaître une grande postérité à Ypres, Dijon, Villeneuve-le-Comte, Tournai, Aumale, etc., avant de triompher dans l'architecture flamboyante en Champagne. Plus qu'un prototype, il convient aujourd'hui de considérer prudemment Saint-Yved de Braine comme un édifice représentatif de la variété potentielle des plans des églises gothiques, mais l'étude de Jean Bony fut essentielle pour restituer toute leur dignité aux édifices gothiques non ins-

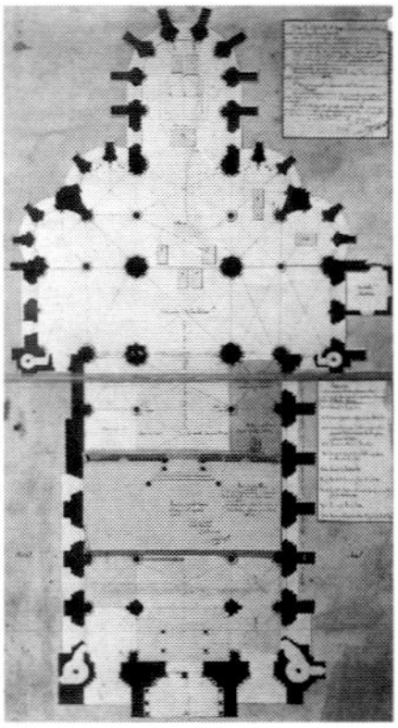

Saint-Yved de Braine (Aisne), plan.

crits dans le sillage de Chartres, considérés trop souvent comme provinciaux et archaïques, pleins de survivances des périodes antérieures et sans capacité d'élaborer des réponses propres aux problèmes du jour. Ainsi met-il en évidence l'aspect positif et prometteur de partis architecturaux qui apparaissaient comme des pis-aller par rapport à la taille gigantesque du « clair étage » de Chartres, au plan fortement articulé de son chevet, à son verticalisme, à la platitude de ses élévations. Les ouvertures réduites de Braine, d'Andrézy ou de Saint-Vincent de Laon, les piles circulaires, les murs épais dédoublés de Laon ou de Noyon sont, au même titre que les options chartraines, le fruit de choix délibérés qui seront appréciés et développés par les maîtres d'œuvre de dizaines d'églises gothiques.

Bourgogne : le refus du mur mince

C'est en Bourgogne et dans ses prolongements, couloir rhodanien, Franche-Comté et Suisse, que se manifeste avec le plus d'éclat, et surtout plus de « modernité » que dans la Normandie attachée à ses traditions, une architecture gothique techniquement très élaborée, voire sophistiquée. Faut-il, comme le suggérait Jean Bony renoncer à voir dans ce choix structurel une influence directe de la Normandie dont les expériences fondatrices auraient été relayées par celles menées par des maîtres d'œuvre formés entre Soissons et Cambrai, transitant par Lausanne, Genève et Lyon ? On ne saura sans doute jamais le prouver, mais ce qui est certain, c'est que le degré d'élaboration technique présenté par les églises bourguignonnes du XIIIe siècle ne peut se comprendre que par la prise en compte d'un savoir-faire absolument syncrétique qui est aux antipodes de toute idéologie « régionaliste ».

L'une des manifestations les plus éclatantes de cette capacité à intégrer des données « chartraines » à des traits architecturaux venus d'autres horizons est la cathédrale Saint-Étienne d'Auxerre. On sait que la reconstruction de l'église est due à la volonté expresse de l'évêque Guillaume de Seignelay ; désirant rivaliser avec les « autres cathédrales » qui « aux alentours [...] dressaient leur chef d'une merveilleuse beauté », ce jeune et brillant prélat

Auxerre (Yonne), cathédrale Saint-Étienne, chœur.

décida « de faire construire une nouvelle église et de la faire décorer avec le plus grand art par les spécialistes de l'architecture ».

Entreprise en 1215, la construction fut menée avec une grande rapidité : le chœur était terminé avant 1234 et l'édification de la façade ouest, qui ne devait être achevée qu'au XVe siècle, commencée vers 1250. Longue d'une centaine de mètres, la cathédrale d'Auxerre n'a que 34 mètres de hauteur sous voûte, mais, paradoxalement, sa sveltesse est extrême. Dans le chœur, le parti du mur épais dédoublé est clairement affirmé, associé à une utilisation systématique de la construction en délit et du porte-à-faux, qui permettent un allégement considérable des maçonneries murales. L'effet de diaphanéité que produit le glissement du mince réseau d'arcades sur le mur nu du triforium et les grandes verrières du clair-étage est servi par une technique admirablement maîtrisée et le recours

Auxerre, cathédrale Saint-Étienne, chapelle axiale.

à un matériau, particulièrement adapté à la construction gothique : le calcaire de Tonnerre, d'une exceptionnelle résistance à la pression. Le maître d'œuvre du chœur de Saint-Étienne d'Auxerre poussa à l'extrême les possibilités offertes par ce matériau, et une soixantaine d'années après sa construction, des reprises en sous-œuvre furent nécessaires pour combattre des déformations inquiétantes. La fascination exercée par cette architecture particulièrement adaptée à des édifices de dimension modestes allait donner naissance à un des courants les plus séduisants de l'architecture gothique, illustré par la collégiale Saint-Martin de Clamecy, Chalon-sur-Saône, les cathédrales de Lyon et de Besançon, la prieurale Notre-Dame de Semur-en-Auxois et l'église paroissiale Notre-Dame de Dijon, entre autres. Le fait que la plupart de ces chefs-d'œuvre ne soient que des églises de taille moyenne mérite d'être souligné : par sa délicatesse de traitement, sa hardiesse de conception, la témérité de ses partis pris structuraux, ce gothique « bourguignon », qui a si bien su tirer profit des expériences normandes ou picardes, constitue une sorte de défi au gigantisme des grandes cathédrales de la lignée chartraine.

Notre-Dame de Dijon : extrait de Viollet-le-Duc, *Dictionnaire raisonné de l'architecture française du XIe au XVIe siècle*, vol. IV, p. 131-133 (figures 75, 76 et 77, p. 133-135).

Notre-Dame de Dijon (Côte-d'Or).

« À Dijon, il existe une église de médiocre dimension, sous le vocable de Notre-Dame ; elle fut bâtie vers 1225: c'est un chef-d'œuvre de raison, où la science du constructeur se cache sous une simplicité apparente. Nous commencerons par donner une idée de l'édifice. Le chevet, sans collatéral, s'ouvre sur la croisée ; il est flanqué de deux chapelles ou absides orientées comme le sanctuaire et donnant sur les transepts dans le prolongement des bas-côtés de la nef.
L'abside de Notre-Dame de Dijon ne se compose, à l'intérieur, que d'un soubassement épais, peu élevé, portant des piles isolées reliées en tous sens, et n'ayant pour clôture extérieure qu'une sorte de cloison de pierre percée de fenêtres. Naturellement, les piles sont destinées à porter les voûtes, quant aux cloisons, elles ne portent rien, elles ne sont qu'une fermeture. À l'extérieur la construction ne consiste qu'en des contreforts [...] ; étant dépourvue de bas-côtés, les contreforts contrebutent directement la voûte

sans arcs-boutants. Ces contreforts sont épais et solides ; en eux seuls réside la stabilité de l'édifice. Rien n'est plus simple d'aspect et de fait que cette construction. Des murs minces percés de fenêtres ferment tout l'espace laissé entre les contreforts [...]. Autant l'extérieur est simple, solide, abrité, autant l'intérieur présente des dispositions légères, élégantes [...]. L'abside donc, intérieurement, se compose d'un soubassement plein (A), épais, construit en assises et décoré d'une arcature indépendante, en placage. De ce soubassement partent déjà les colonnettes (B), qui montent jusqu'aux naissances des arcs de la grande voûte. Ces colonnettes sont placées en délit de la base à la tablette (C), qui les relie par une bague à la construction extérieure. Sur ce soubassement est un passage ou galerie de service destiné à faciliter l'entretien des verrières (D) et à tendre l'église, s'il est besoin, les jours de fête. Les piles (E) sont isolées ; elles se composent de quatre colonnes en délit, de la base aux chapiteaux, une grosse (37 cm de diamètre) et trois grêles (12 cm et 15 cm de diamètre) [...]. La grosse colonne et les deux latérales sont chacune d'une seule pièce jusqu'à l'assise (F) des chapiteaux, tandis que la colonnette montant de fond est d'un seul morceau jusqu'à la tablette (G). Cette tablette G forme plafond sur la galerie basse et relie la grande arcature avec les parements extérieurs. Dans la hauteur de la galerie du deuxième étage (triforium), même disposition des piles, même section (A') ; seulement une colonnette intermédiaire (H) portant une arcature composée elle-même de grands morceaux de pierre minces, comme des dalles posées de champ. Audessus du triforium, un troisième dallage (I) sert de plafond à ce triforium et relie l'arcature à la construction extérieure ; puis naissent les arcs de la grande voûte contrebutés par les contreforts extérieurs. Les fenêtres hautes s'ouvrent alors au-dessus de l'arcature du triforium, et ne sont plus en renfoncement comme au-dessous, afin de donner tout le jour possible et de laisser à l'extérieur le passage dont nous avons parlé plus haut. Ainsi la poussée des arcs se reporte obliquement sur les contreforts extérieurs, lesquels sont bâtis en assises, et les piles intérieures ne sont que des points d'appui rigides, incompressibles, puisqu'ils sont composés de grandes pierres en délit, mais qui, par leur faible assiette, ne présentent qu'un quillage pouvant au besoin s'incliner d'un côté ou de l'autre, en dehors ou en dedans, sans danger, s'il survient un tassement. Quant aux murs (K), ce ne sont, comme nous l'avons dit, que des cloisons de 20 cm au plus d'épaisseur. »

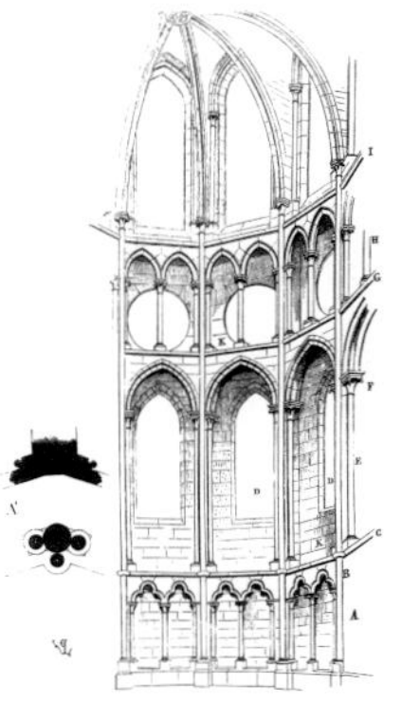

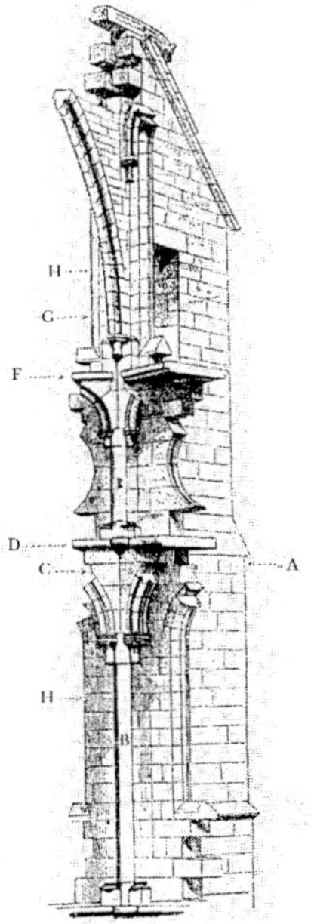

Notre-Dame de Dijon (Côte-d'Or).

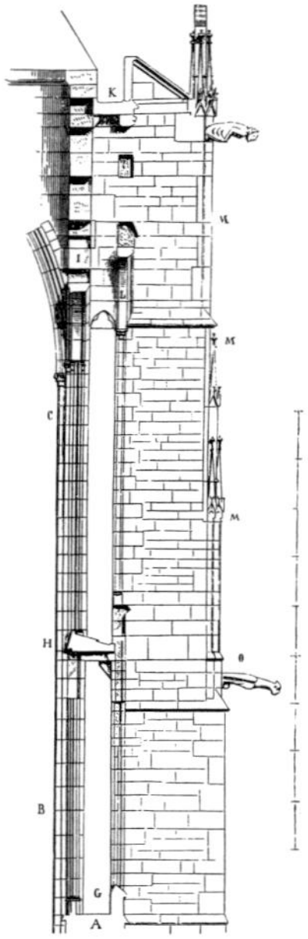

Troyes (Aube), collégiale Saint-Urbain. Le jeu de dédoublement des parois du chevet.

Saint-Urbain de Troyes

Comme un défi à la théorie des écoles régionales, Saint-Urbain de Troyes constitue, au cœur de la Champagne, l'aboutissement de la technique hautement sophistiquée élaborée au milieu du XIIIe siècle par les maçons bourguignons. Le maître d'œuvre de l'église, Jean Langlois, porte cependant un nom qui permet de lui supposer une origine anglaise et le traitement qu'il réserve aux immenses baies garnies de verrières en fait, dans ce domaine, le rival du maître de la Sainte-Chapelle de Paris. Commande papale d'Urbain IV, la collégiale fut construite, pour ses parties orientales du moins, en quatre ans malgré les difficultés multiples occasionnées par l'abbesse de Notre-Dame aux Nonnains. La prodigalité du pape n'est évidemment pas étrangère à la prouesse architecturale de Jean Langlois ; elle permit en outre de faire venir de Tonnerre la pierre indispensable à la réalisation des pièces d'un puzzle magnifiquement révélé par les dessins de Viollet-le-Duc (*cf.* p. 23). C'est dans ce travail de précision horlogère poussé aux limites de l'absurde dans les porches hors-œuvre du transept que réside la magie de l'œuvre : ni les dimensions (une cinquantaine de mètres hors œuvre) ni le plan (nef basilicale, abside et absidioles à pans, transept non saillant) ne mériteraient en effet la moindre renommée à l'ouvrage par ailleurs inachevé, mal restauré et desservi par un environnement urbain contraignant dès l'origine.

Troyes, collégiale Saint-Urbain, porche sud.

VII Le gothique languedocien

Si les différences entre le gothique normand, bourguignon, champenois ou picard peuvent apparaître comme des questions de détails, il n'en est pas de même du gothique languedocien, mieux défini par ses caractéristiques architecturales que par ses limites géographiques. On entend généralement désigner par ce terme une série d'édifices, le plus souvent à nef unique, avec ou sans chapelles entre les contreforts, à chevet plat ou polygonal, percés de baies en arc brisé étroites et allongées, à la modénature sobre, et fréquemment réalisés en brique. Nombre d'entre eux sont totalement ou partiellement voûtés d'ogives, mais certains peuvent présenter un type de charpente sur arcs diaphragmes, comme l'église de Lamourguier à Narbonne ou le couvent des franciscains

Narbonne (Aude), église de Lamourguier. Nef couverte d'une charpente sur arcs diaphragmes (milieu XIIIe siècle).

de Perpignan. L'aire d'expansion de ce style architectural, dont l'épicentre est Toulouse, s'étend sur le Haut Languedoc, une partie de la Gascogne, l'Agenais et le Rouergue. Compte tenu du fait que ces caractéristiques peuvent se rencontrer dans bien des régions, non seulement de la France méridionale mais aussi de l'Espagne voisine, l'arbitraire de l'épithète « languedocien » n'échappe à personne, et l'on serait bien embarrassé de la justifier par autre chose qu'un souci de reconnaître au Midi toulousain une spécificité que lui vaut son histoire politique.

La nef raymondine

C'est en effet dans le comté de Toulouse agité par les soubresauts consécutifs à la croisade albigeoise (1209-1229) que se constitue cette « école » languedocienne dans le deuxième tiers du XIIIe siècle. L'édifice fondateur en est la cathédrale Saint-Étienne de Toulouse, qui apparaît comme une illustration parfaite de l'opposition entre les tendances septentrionales et méridionales de l'architecture gothique. Le chœur, qui s'inscrit dans la série de ceux des cathédrales dites « de Jean Deschamps », vint se greffer dans les années 1270 sur une nef unique conçue une soixantaine d'années auparavant pour recevoir une charpente, et finalement voûtée d'ogives entre 1220 et 1240. On donne à cette nef le nom de nef raymondine depuis que Jules de Lahondès attribua à Raymond VI la volonté de continuer les travaux de construction de la cathédrale en dépit du siège de la ville par les croisés, en 1212. La croix de Toulouse qui figure à la clef de la première travée de nef semblerait confirmer cette datation haute qui peut être repoussée cependant jusqu'en 1222, date de la mort de Raymond VI ; toutefois, nombreux sont les historiens qui penchent, comme Jean-Louis Biget, pour une date plus tardive qui repousserait aux années 1230 l'introduction des voûtes d'ogives dans cette région fortement attachée aux formules architecturales et décoratives romanes. C'est en effet vers des édifices voûtés comme Silvanès, Saint-Pons-de-Thomières ou la cathédrale d'Agde, ou à charpente sur arcs diaphragmes comme Caunes-Minervois ou Saint-Hilaire-d'Aude que l'on se tourne pour expliquer le choix de ces vaisseaux uniques aux murs percés d'étroites ouvertures, radicalement opposés aux nefs si complexes du gothique septentrional.

On aurait sans doute tort de voir dans ces options esthétiques la manifestation d'une quelconque « résistance » au joug capétien imposé par le traité de Meaux-Paris qui mit fin en 1229 aux guerres albigeoises, car les principaux propagateurs du style furent bien les inquisiteurs qui imposèrent aux villes suspectes d'avoir protégé des hérétiques la construction d'églises. Celles-ci ne sont pas conçues comme des éléments de décor urbain, mais comme des « machines à prêcher », et les espaces dégagés de ces vastes vaisseaux facilitent la propagation de la parole en même temps qu'ils assurent la visibilité optimale de la liturgie eucharistique ou mariale mise en scène dans le sanctuaire.

Notre-Dame-du-Bourg de Rabastens : couleur et liturgie

Rabastens (Tarn), Notre-Dame-du-Bourg, chevet.

C'est ce qu'illustre parfaitement l'étude de Guy Ahlsell de Toulza sur Notre-Dame-du-Bourg de Rabastens. Cet ancien prieuré de Moissac, reconstruit en partie grâce aux amendes infligées aux hérétiques, après 1229, comportait à l'origine une nef de 29 mètres sur 12,15 mètres voûtée

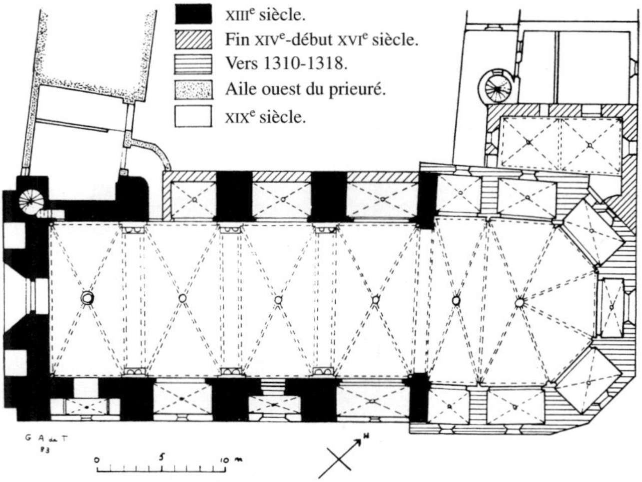

Rabastens, Notre-Dame-du-Bourg.

de trois travées barlongues et un chevet plat. En 1318 fut ajouté un chœur polygonal de 13 mètres de profondeur pourvu, dès l'origine, de chapelles entre les contreforts. La voûte du chœur, portée à 21 mètres de hauteur, est plus élevée que celle de la nef. La façade, d'allure assez militaire, est percée d'un portail encore très roman décoré de chapiteaux en remploi. L'intérêt essentiel de cet édifice restauré par César Daly dans les années 1850 est d'avoir conservé son décor peint, dont on peut considérer, en dépit des restaurations outrancières effectuées par Joseph Engalières vers 1860, qu'il constitue un témoignage exceptionnel de l'esthétique architecturale du midi languedocien. Des études récentes ont, en outre, révélé de quelle manière ce décor pérenne accompagnait des manifestations liturgiques théâtrales mises en scène dans le chœur lors des fêtes mariales. C'est là un apport capital pour la compréhension du mode de fonctionnement des églises au lendemain de la croisade albigeoise. La prise en compte de ces éléments permet de relativiser l'image d'austérité qui s'attache généralement à l'architecture languedocienne : il est indispensable pour comprendre celle-ci de prendre en compte le contraste frappant entre les intérieurs revêtus d'enduits peints et la masse brute des maçonneries de briques animées de simples jeux d'interpénétrations de volumes, comme dans le chevet de Notre-Dame de Rabastens ou celui de Sainte-Cécile d'Albi.

La simplicité de ces formules architecturales semble avoir été particulièrement bien adaptée à l'urgence de la reconstruction. À Lavaur en 1254, les inquisiteurs imposent aux habitants de rebâtir, sous un délai de cinq ans, l'église

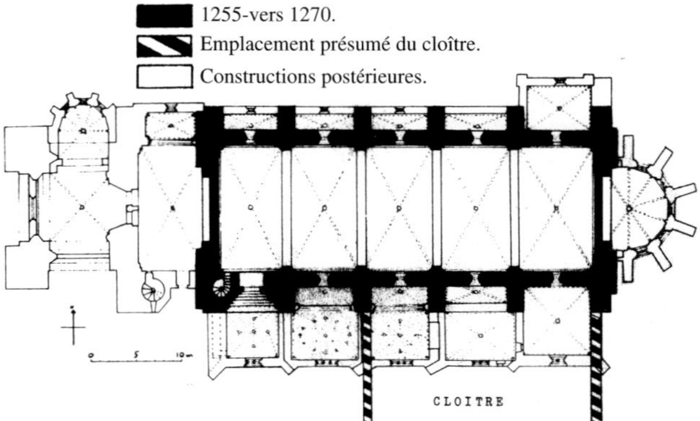

Lavaur (Tarn), ancienne cathédrale Saint-Alain, plan.

Saint-Alain : un vaisseau de 23 mètres de long et 13,80 mètres de large, couvert de quatre voûtes d'ogives barlongues et terminé par un chevet plat ; en 1258, ce sont encore les inquisiteurs qui imposent aux consuls de Najac la construction de l'église Saint-Jean, en sept ans cette fois et en pierre de taille. Ailleurs, à Beaumont-de-Lomagne (Tarn-et-Garonne), Mirande (Gers), Larrazet (Tarn-et-Garonne), Villefranche-de-Rouergue (Aveyron) et dans quantité d'autres « bastides » ou villes neuves, les églises à nef unique avec chevet plat ou polygonal se multiplient à la fin du XIIIe et au XIVe siècle, témoignant du succès de ce parti architectural simple, parfaitement adapté aux exigences de la spiritualité et de la pastorale contemporaine.

Clochers et éléments fortifiés

Un autre trait distinctif du gothique languedocien est le traitement des clochers : deux formules s'imposent à la fin du XIIIe siècle, toutes deux originaires de Toulouse. Le premier de ces couronnements spécifiques des grandes et moins grandes églises du Languedoc est le clocher « toulousain », haute tour octogonale, le plus souvent de brique, percée sur plusieurs niveaux de baies couvertes d'arcs brisés ou en mitre. Le prototype en est le clocher, établi vers 1130, de la croisée de la basilique Saint-Sernin de Toulouse, qui procède lui-même de modèles romans, comme ceux de Conques, Marcillac (Aveyron), ou celui, disparu, de Saint-Martial de Limoges. Sur les deux premiers niveaux octogones du clocher roman de Saint-Sernin, on ajouta dans la seconde moitié du XIIIe siècle deux étages supplémentaires qui se distinguent des premiers par leurs baies couvertes en arcs en mitre entre lesquels prennent place des oculus losangés. À la fin du siècle, le modèle de Saint-Sernin fut imité aux Jacobins de Toulouse et avec beaucoup plus de modestie aux Cordeliers de la même ville. À Beaumont-de-Lomagne, Rieux, Lombez, Montauban, Pamiers, on retrouve ces clochers octogones, tandis qu'à Montesquieu-Volvestre (Haute-Garonne), le nombre de facettes limitées par des colonnettes de pierre a été porté à seize.

Toulouse (Haute-Garonne), couvent des Jacobins. Clocher établi au XIVe siècle en dérogation des principes somptuaires de l'ordre.

Le deuxième type de clocher caractéristique du Languedoc gothique dérive du clocher-mur mis en place sur la

Toulouse, église du Taur, élévation sur rue et clocher-mur.

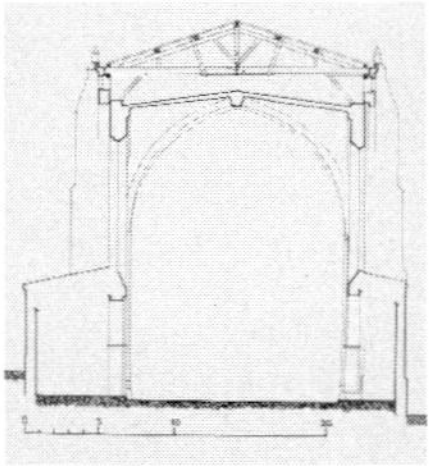

Beaumont-de-Lomagne, église, coupe sur la nef. Au-dessus des voûtes la charpente est portée par un surcroît percé à intervalles réguliers de baies libres qui forment autant de créneaux : les mirandes.

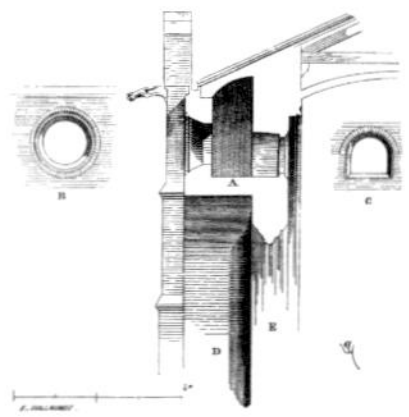

Toulouse, église des jacobins, galerie haute. Sur les grands arcs qui chargent les contreforts est ménagé un passage ouvert sur la nef par un oculus.

façade de l'église du Taur à Toulouse. Ce haut mur de brique est percé à la base d'un portail, inspiré comme la plupart des portails languedociens par ceux du transept de Notre-Dame de Paris. La porte en arc brisé, flanquée de deux niches également couvertes en arc brisé, s'ouvre au fond d'un ébrasement à ressauts dont les colonnettes sont séparées des rouleaux de la voussure par des petits chapiteaux à feuillage. Au-dessus se développe un grand gâble dont les rampants sont ornés de crochets. Un puissant bandeau limite le deuxième niveau percé de deux baies géminées et d'un oculus ; sur le troisième niveau, le clocher proprement dit, développe un décor architectural qui affecte un apparat militaire totalement inefficient. Un faux mâchicoulis est tendu entre deux échauguettes en encorbellement que réunit un chemin de ronde ; à l'arrière s'élève le couronnement du clocher-mur, lui-même festonné de merlons à la base du pignon. Les deux étages sont abondamment percés d'arcs en mitre et d'oculus losangés. Le clocher de l'église du Taur a été imité dans un certain nombre d'églises, comme celles de Montjoie et de Pamiers dans l'Ariège, mais son aspect militaire s'inscrit dans la lignée d'une vieille tradition de l'architecture religieuse méridionale, illustrée à l'époque romane par les églises de Maguelonne, d'Agde ou de Saint-Pons-de-Thomières. Une étude récente de Sheila Bonde, qui n'emporte pas la conviction, rattache ce phénomène à une tradition carolingienne ; rien n'interdit d'y voir plutôt le signe d'une époque marquée par les épreuves d'une guerre sanglante. On a signalé cet appareil militaire à Narbonne, on le retrouve à Béziers et de manière moins affirmée dans de nombreuses églises dont la toiture est portée par un haut parapet interrompu par des « mirandes » (La Romieu, Fleurance, Boulaur...) ou cernée par une galerie qui s'apparente à un chemin de ronde comme aux Jacobins de Toulouse. La plus étrange de ces églises aux allures martiales est sans doute celle de Simorre dans le Gers. L'église de l'ancienne abbaye carolingienne, reconstruite et consacrée en 1309, fut restaurée par Viollet-le-Duc entre 1844 et 1858. Elle présentait un plan en croix latine, atypique dans la région, composé par une nef unique de deux travées (une travée supplémentaire fut construite, en pierre de taille, à l'ouest en 1442), un chœur limité à une travée barlongue identique à chacun des bras du transept. Nef, chœur et croisillons se greffent sur une croisée surmontée d'une tour-lanterne octogonale. Raymond Rey avait souligné en 1926 les rapprochements qui peuvent être opérés entre ces lanternes de croisée de Simorre, de Tarbes, de Castelsarrasin et les *cimborios* ibériques de Salamanque ou d'Avila ; ils ne sont vraisemblablement pas fortuits, car la même ambiguïté entre architecture religieuse et architecture militaire marque bon nombre d'églises des pays de la Couronne d'Aragon, pour lesquelles a été forgé le concept discutable mais évocateur d'« églises forteresses ».

Simorre (Gers), église fortifiée, vue d'ensemble.

Albi

C'est également une église-forteresse que la cathédrale Sainte-Cécile d'Albi qui écrase de sa masse le palais, fortifié lui aussi, de la Berbie. Bernard de Castanet, prélat

Albi, cathédrale Sainte-Cécile, vue extérieure (chevet).

apparenté aux plus puissantes familles languedociennes a-t-il, comme le suggère Jean-Louis Biget, opté « idéologiquement » pour un parti languedocien, ou bien s'est-il simplement laissé séduire par le seul pouvoir de conviction d'une architecture alliant magnifiquement et dans la plus grande simplicité, la maîtrise des volumes, de la ligne et du matériau ? Quoi qu'il en soit, le parti architectural adopté pour la nouvelle cathédrale d'Albi, reconstruite à partir de 1282, est aux antipodes de celui choisi à la même époque à Narbonne : de la brique et non de la pierre et, en lieu d'une église déployant toutes les sophistications du plan issu des modifications apportées à la grande église de pèlerinage, aux fonctions et aux espaces multiples et enchevêtrés, une nef unique prolongée par un chevet polygonal. Simplicité militaire encore une fois : talutage de la base, parapet et échauguettes du couronnement incitent à assimiler le maître Pons, actif en 1293 à Albi à Pons Descoyl, l'architecte du palais des rois de Majorque à Perpignan ; l'hypothèse est osée mais séduisante, et pas seulement parce qu'elle donne un nom à l'auteur d'un incontestable chef-d'œuvre de l'architecture gothique. Longue de 97 mètres, large de 19,20 mètres et haute de 30 mètres, cernée de 29 chapelles entre contreforts, éclairée par des baies étroites (1,59 m) et hautes (13,55 m), cette vaste salle dans laquelle rien ne marque la séparation du chœur et de la nef hormis le mobilier est encore unifiée par un voûtement extrêmement plat, plus proche de la voûte en berceau à pénétrations que de la voûte d'ogives. La polychromie très vive des murs et du couvrement, qui remonte pour l'essentiel au XVIe siècle mais respecte peut-être le parti originel, transforme cette « grande salle sans mystère » (l'expression est d'Émile Mâle) en un somptueux écrin tout entier voué à la liturgie eucharistique, qui constitue l'argument de choc de l'orthodoxie romaine contre l'hérésie dont Albi est la ville éponyme. Extérieurement, si l'on excepte le baldaquin flamboyant de pierre, établi (par les Amboise ou les Robertet ?) vers 1500 et le portail dressé au pied de la rampe par Dominique de Florence vers 1400, l'église est absolument dépourvue de décor ; ce dénuement contribue à mettre en valeur le jeu subtil des volumes emboîtés des contreforts demi-circulaires dans le mur et le talus qui cerne le chevet. À l'ouest, l'énorme tour, dressée tel un donjon à partir de 1365 complète l'appareil militaire du sommet des murs, dont on ne sait trop, à vrai dire, quel était le faciès originel. Il est probable, du reste, que ce couronnement n'ait jamais été réalisé avant que César Daly, sur les conseils de Viollet-le-Duc, n'en propose la réalisation dans les années 1850.

L'allure militaire et la simplicité formelle de ces églises languedociennes allaient s'accorder parfaitement aux circonstances politiques et aux bouleversements des mentalités observables tout au long du XIVe siècle : guerre de Cent Ans, Grand Schisme d'Occident, spiritualité et dévotion nouvelles soutenues par le développement considérable des ordres mendiants ; ce sont ces aspects historiques qui permettent, semble-t-il, d'aborder avec le plus de pertinence les chapitres suivants.

Albi, cathédrale Sainte-Cécile, nef. Au premier plan le chœur des chanoines « église dans l'église », l'un des chefs-d'œuvre de l'architecture flamboyante qui témoigne du « report d'investissement » opéré à partir du XIVe siècle de l'architecture proprement dite vers les aménagements intérieurs : meubles et immeubles par destination.

VIII Les églises des ordres mendiants

L'émergence du pouvoir du *studium* dans la France de Saint Louis est, au dire de Jacques Le Goff, un facteur majeur de compréhension de l'époque. Ce savoir, très vite devenu l'apanage des ordres mendiants, franciscains et surtout dominicains, s'accompagne d'un renouveau spirituel fondamental qui détourne les fidèles des anciennes pratiques dévotionnelles pour les amener en masse à chercher leur salut auprès des disciples de saint François (franciscains, mineurs ou cordeliers, ordre fondé en 1223 dont la branche féminine est désignée sous le nom de clarisses), de saint Dominique (dominicains, jacobins ou prêcheurs, ordre fondé en 1215) ou, dans une moindre mesure, des carmes et des augustins. La pauvreté imposée par leur règle à ces moines est relative, car dès la deuxième moitié du siècle, les aumônes consenties aux mendiants se convertissent en donations généreuses autant qu'intéressées : l'autorisation accordée, dès 1227, aux prêcheurs et en 1250 aux mineurs, d'inhumer dans leurs églises, n'est pas étrangère à la faveur dont jouirent désormais ces ordres auprès de l'aristocratie et de la bourgeoisie urbaine satisfaite de pouvoir disposer de chapelles funéraires desservies par de si puissants intercesseurs.

Les constitutions primitives de l'ordre des prêcheurs (1220 et surtout 1228) et des franciscains (1239, 1260), à l'instar des règles cisterciennes du siècle précédent, imposent aux frères le respect d'une grande modestie dans l'architecture et le décor de leurs couvents dont les bâtiments monastiques ne peuvent excéder 20 pieds de haut et l'église trente. Les premiers couvents construits le sont à l'extérieur des enceintes urbaines et ne constituent, le plus souvent, que de modestes établissements, voire des installations de fortune dans des édifices préexistants. Le succès fulgurant des dominicains, à qui est souvent confié, dès 1217, le tribunal de l'Inquisition, et celui, un peu plus lent, des franciscains qui se débattent dans des difficultés internes, conduisent rapidement les communautés à investir les centres urbains. Dans le deuxième tiers du XIIIe siècle, on assiste ainsi à une véritable compétition entre ces ordres pour installer au cœur des villes des couvents qui deviennent rapidement les centres spirituels et intellectuels des cités.

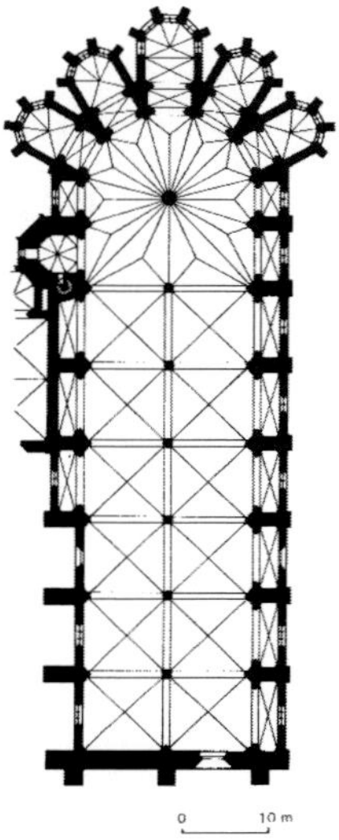

Toulouse, couvent des jacobins, plan d'après Raymond Rey, 1937.

Toulouse

Toulouse constitue à ce titre un cas exemplaire, ce qui amène souvent à assimiler de manière un peu excessive l'architecture des ordres mendiants aux plus spectaculaires réalisations du gothique languedocien ; jacobins et cordeliers s'établissent dans les années 1220-1230 au centre de la cité, disputant à Saint-Sernin et à la cathédrale une suprématie jusqu'alors incontestable sur les autres églises.

Les jacobins de Toulouse, établis dans les faubourgs en 1216, posent en 1230 la première pierre (ou plutôt brique) de leur nouveau couvent dans un jardin acheté pour eux dans la paroisse de la Daurade par Pons de Capdenier, un bourgeois nouvellement enrichi ; ils bénéficient de l'appui de Raymond de Falgar, provincial de l'ordre puis évêque de Toulouse en 1231. La première église est financée par des aumônes anonymes et des quêtes ; c'est un parallélépipède de brique de 46 mètres de long sur 22 de large et

Toulouse, couvent des jacobins, détail du portrait ouest.

Toulouse, couvent des jacobins, palmier.

13,60 mètres de haut, divisé en deux vaisseaux par un épi de piliers carrés supportant une charpente de bois ; elle n'a pour seul décor que son portail qui s'inscrit dans la tradition du roman cistercien. En 1246, grâce à des dons de grandes familles patriciennes comme les Barrau ou les Palays, l'église est agrandie vers l'est pour répondre à l'afflux des fidèles attirés par des prédicateurs de renom. Les bénédictins de la Daurade protestent, en vain ; forts du soutien inconditionnel de l'évêque Raymond de Falgar et des papes successifs, les dominicains agrandissent à nouveau leur église entre 1275 et 1292 : le nouvel édifice excède très largement par ses dimensions les limites prescrites par les constitutions de l'ordre ; le voûtement de la nef, la construction du clocher, la mise en place du décor intérieur, assurés par une donation de quatre mille doubles d'or consentie en 1323 par le cardinal Guillaume Godin à son ancien couvent, sont autant de dénis des principes initiaux de l'ordre en matière de construction : considérée comme la plus belle des églises de l'ordre, l'église des jacobins de Toulouse reçut en 1369 les restes mortels de saint Thomas d'Aquin, mort à Fossanova en 1274. L'église est immense : 80 mètres de long, divisée en deux vaisseaux par huit piles circulaires de pierre de 22 mètres de haut qui portent des voûtes d'ogives à 28 mètres sous clef. La résolution du couvrement d'un chœur polygonal réunifiant les deux vaisseaux de la nef est à juste titre fameuse : 22 nervures d'ogives viennent se greffer sur la pile orientale, donnant l'image pétrifiée d'un « palmier » à la polychromie délicate. On s'est beaucoup interrogé sur les raisons du choix d'une double nef, mais l'église de Toulouse n'est pas la seule de l'ordre à avoir opté pour cette formule : les couvents de Paris, de Morlaix, de Bayonne et d'Agen, pour ne citer qu'eux, présentaient un semblable dispositif. Peut-être faut-il n'y voir que la marque d'un pragmatisme qui assurait une certaine indépendance de la communauté monastique ; à Toulouse, elle occupait la nef nord, et les fidèles étaient cantonnés au sud ; pour autant, il n'est pas impossible que les exemples de vastes salles comme la grand-salle du palais de Paris ou les réfectoires de nombreux couvents aient joué leur rôle dans le choix opéré et il est indéniable que le traitement du volume intérieur des Jacobins de Toulouse répond à l'appétit d'espace dont témoignent selon d'autres modalités les églises à nef unique ou les églises-halles.

Toulouse, couvent des cordeliers, ruines du portail et tour.

Parallèlement aux prêcheurs, les frères mineurs, fixés en ville dès 1222, avaient construit une église d'un seul vaisseau ; en 1235, ils se transportent dans le bourg Saint-Sernin, au cœur du quartier universitaire où ils construisent dans les années 1260 une immense église à nef unique de onze travées et abside à cinq pans (75 mètres de long, 16 mètres de large et 26 mètres de hauteur sous clef) qui devait inspirer la cathédrale d'Albi. Seuls le clocher et un fragment de portail subsistent de ce splendide édifice ravagé par un incendie en 1871, mais la salle capitulaire est encore utilisée comme local universitaire et les sculptures qui décoraient la chapelle de Rieux, construite pour le prélat avignonnais Jean Tissendier, ancien moine des Cordeliers, constituent les pièces maîtresses de la sculpture gothique au musée des Augustins. Celui-ci occupe l'ancien couvent de l'ordre, établi en 1309 au voi-

Toulouse, statue de Jean Tissendier portant la maquette de la chapelle de Rieux (1333-1344).

sinage de la cathédrale Saint-Étienne, en dépit de l'opposition obstinée du chapitre métropolitain. L'église s'inscrit parfaitement dans la lignée de l'architecture languedocienne ; c'est une vaste nef unique de brique avec des chapelles entre les contreforts. Le plan atypique du chevet intègre les chapelles que Jean de Mantes, maître des œuvres du roi dans la sénéchaussée de Toulouse, fit construire en 1316 par Jean de Lobres, maître d'œuvre de la cathédrale. Le contrat passé à cette occasion mentionnait clairement que les attributions de l'architecte, secondé par Jean Gaillard, le maître d'œuvre des Augustins, allaient jusqu'à la mise en place du décor et du mobilier : retables, nappes, rideaux, autels.

Il est vraisemblable que l'adéquation existant entre les églises de type languedocien et les missions que se fixaient les mendiants (prédication, exaltation de l'Eucharistie, enseignement, sépulture des puissants) favorisèrent grandement le succès des églises à nef unique et chapelles entre contreforts ; le succès des nouveaux ordres n'est donc sans doute pas étranger à celui de ce type d'édifice qui resta tout au long des deux derniers siècles du Moyen Âge la formule de prédilection de tout le midi de la France : en 1520, c'est encore à l'imitation de l'église des cordeliers de Condom que les paroissiens de Laplume (Lot-et-Garonne) demandent que soit reconstruite leur église.

Pragmatisme des mendiants

On ne peut cependant considérer que le type languedocien ait été privilégié systématiquement par les ordres mendiants : en Provence c'est une grande église basilicale d'allure assez septentrionale qui est construite, entre 1297 et 1317, pour les dominicains à Saint-Maximin par Pierre le Français, architecte au service de Charles II d'Anjou ; en Arles, c'est encore un schéma basilical qui est adopté ; en Avignon, c'est vers des édifices italiens, voire andalous, que renvoient les images conservées de l'église du couvent des prêcheurs. Due elle aussi à la munificence du cardinal Godin, l'église, achevée en 1330 mesurait 65 mètres de long sur 30 de large et comptait trois vaisseaux charpentés communiquant par de grandes arcades

Saint-Maximin (Var) couvent des dominicains. Église vue du sud.

en arc brisé portées par des piles rectangulaires chanfreinées. L'abside polygonale était flanquée de deux absidioles de même tracé aux extrémités des collatéraux.

Un autre type d'édifice semble encore avoir eu la faveur des mendiants, illustré cette fois par des exemples alsaciens. Ce sont les nefs uniques charpentées prolongées par des chœurs plus étroits comportant une abside polygonale et plusieurs travées droites voûtées, à l'instar de celle des franciscains de Colmar (vers 1290-vers 1335). Dans ces régions septentrionales, c'est aussi une impression de pragmatisme qui ressort de l'étude des couvents de Strasbourg (reconstruction vers 1307-vers 1345) ou Guebwiller (vers 1306-vers 1322) menée par Roland Recht ; s'il fallait cependant en proposer une image synthétique, on pourrait, là encore, insister sur l'unification de l'espace intérieur qui rejoint l'esprit des églises-halles dont Strasbourg présente, à Saint-Thomas, un exemple précoce.

Dans l'ouest ou dans le centre de la France, les nefs uniques à chevet plat, comme les cordeliers de Parthenay, de Limoges ou d'Angoulême, poussent à l'extrême la recherche de simplicité, dont on ne sait pas toujours si elle est volontaire ou contrainte par des ressources limitées.

Colmar (Haut-Rhin), église des franciscains, chœur.

Au cours de cette évocation de l'architecture des mendiants, on a vu se manifester l'étroite imbrication existant entre le destin des couvents et la carrière ecclésiastique de certains de leurs membres, poussés au sommet de la hiérarchie par la dynamique interne des ordres, relayée au XIVe siècle par le clientélisme de la cour avignonnaise. C'est sur cet aspect de la question qu'il convient maintenant de se pencher.

IX L'architecture du XIVe siècle en Avignon

L'attentat d'Anagni perpétré en 1303 par Guillaume de Nogaret contre le pape Boniface VIII mit fin de manière radicale à une période de tension entre la papauté et le roi de France. Deux ans plus tard, l'accession d'un prélat français au trône de saint Pierre allait marquer le triomphe définitif de Philippe le Bel et amener progressivement le transfert des revenus considérables de la Curie vers les provinces méridionales du royaume. Le génie administratif des successeurs de Clément V devait encore accroître, par un renforcement des recettes fiscales, cette manne qui se déversait non tant sur les grandes cathédrales comme au siècle précédent, que sur une quantité d'édifices secondaires choyés par les papes, les cardinaux et leurs innombrables « neveux ». Parallèlement, le pouvoir des évêques souvent en conflit avec les chanoines, véritables maîtres des cathédrales, s'effritait. Ces derniers, sans doute las de vivre et d'officier dans des chantiers permanents semblent avoir, un peu partout, préféré « investir » dans des meubles, des ornements, ou des immeubles par destination comme les jubés et les clôtures de chœur, que dans l'achèvement improbable d'édifices surdimensionnés. Il en résulte, non pas un effondrement de l'activité architecturale, comme on a tendance à le croire, mais une réorientation de celle-ci vers des chantiers moins visibles que ceux des cathédrales géantes du XIIIe siècle. Certes, au milieu du XIVe siècle, dans les régions atteintes par la terrible peste noire ou dans celles ravagées par les guerres franco-anglaises, il serait vain de chercher trace de grands chantiers, mais, même aux pires moments de ce siècle perturbé que fut celui de la guerre de Cent Ans (1337-1453), des prélats fortunés comme Guillaume Godin, des seigneurs puissants comme Jean V de Bretagne ou le duc de Berry, des ordres religieux qui prospéraient sur la détresse des âmes et la hantise de la male mort comme les franciscains et les dominicains, maintinrent par leur commande une activité architecturale d'autant plus créatrice que nomade et ballottée entre une multitude de petits édifices.

De 1305 à 1378, Avignon supplanta Rome comme cité papale, sous les pontificats de Clément V (1305-1314), Jean XXII (1316-1334), Benoît XII (1334-1342), Clément VI (1342-1352), Innocent VI (1352-1362), Urbain V (1362-1370) et Grégoire XI (1370-1378) ; de 1378 à 1415, durant le schisme qui divisa la chrétienté entre Urbain VI (1378-1389) et Boniface IX (1389-1404) à Rome, Clément VII (1378-1394) et Benoît XIII (1394-1423) en Avignon, la capitale du comtat Venaissin devint l'un des foyers les plus brillants de la création artistique : ce n'est pas un hasard si Matthieu d'Arras, l'architecte de Saint-Guy de Prague pour l'empereur Charles IV y avait en partie assuré sa formation ; le concile de Constance ayant mis fin au Grand Schisme, en dépit de la résistance opiniâtre de Benoît XIII, Avignon resta ville pontificale et continua, comme par inertie, à bénéficier encore longtemps de sa gloire passée. L'action des papes s'y mesure tout d'abord par l'imposant palais, « la plus belle maison de la chrétienté » au dire de Froissart, par un certain nombre de palais cardinalices, les « livrées », et par de nombreuses mais relativement modestes églises.

Avignon

Le palais des Papes enferme dans ses murs plusieurs chapelles qui méritent d'être évoquées brièvement : celle de Benoît XII, moine de Cîteaux né à Saverdun dans l'Ariège, est sans doute l'œuvre de Pierre Poisson, de Mirepoix ; elle offre une allure toute cistercienne avec son vaisseau de 38 mètres de long et 9 mètres de large voûté en berceau brisé et son triplet oriental. Sous Clément VI, une dizaine d'années plus tard, fut construite par un architecte venu du nord cette fois, Jean de Loubières, une nouvelle chapelle, la Clémentine, de 52 mètres de long, 15 mètres de large et 19,50 mètres de haut. Cette nef unique de sept travées voûtées d'ogives est terminée par un chevet plat. Ornée de verrières en 1354, il semble que cette chapelle

Avignon, palais des Papes, chapelle de Benoît XII.

Avignon, palais des Papes, chapelle Clémentine.

n'ait jamais reçu de décor peint. Les chapelles privées de Saint-Jean et de Saint-Martial, en revanche, modestes oratoires logés dans les tours du palais vieux reçurent un magnifique décor peint par Matteo Giovanetti.

Le même contraste entre une grande église aux volumes épurés et une chapelle richement décorée se retrouve, sur l'autre rive du Rhône, à Villeneuve-Lès-Avignon. La chapelle est celle de la livrée cardinalice de Pierre Aubert, décorée de fresques par Matteo Giovanetti avant 1352 ; l'église est celle de la chartreuse du Val-de-Bénédiction, érigée en partie sur la livrée pour le même personnage devenu pape sous le nom d'Innocent VI, en 1352. L'austérité qui préside au parti adopté pour l'église est encore renforcée dans les chapelles funéraires qui lui sont adjointes entre 1363 et 1369 ; celle de Pierre de Monteruc, au sud, présente un faciès de piles à la modénature très sèche dont les chapiteaux parfaitement lisses ne sont guère plus que des tronçons de colonnes limités par des baguettes en guise d'astragale et de tailloir. Le même type de chapiteau se rencontre à Saint-Didier, Saint-Pierre ou Saint-Martial d'Avignon, à Monfavet et dans bon nombre d'édifices liés au mécénat pontifical. Église à nef unique de cinq travées voûtées d'ogives, chapelles et chœur polygonal précédé d'une travée droite, Saint-Didier d'Avignon appartient au même type d'édifice que les églises languedociennes, mais la profondeur des chapelles, l'appareil de pierre de taille et de moellons, la forme si caractéristique du clocher lui confèrent cependant une allure très spéci-

Villeneuve-lès-Avignon, Notre-Dame-du-Val-de-Bénédiction.

Avignon, église Saint-Didier.

fique à la région. L'église fut construite à la demande du cardinal Bertrand de Déaux, en trois ans, sur la base d'un prix-fait du 4 mai 1356. Ce précieux document mentionne aux côtés de Jaume Alasaud qui a fourni vraisemblablement le plan, dessiné sur parchemin, quatre lapicides qui semblent être de simples exécutants. Alain Girard, qui s'est efforcé de mettre en valeur le rôle de Jaume Alasaud dans l'adaptation des formules septentrionales à l'esthétique du Midi, a souligné à juste titre le particularisme très fort des piles articulées de Saint-Didier et l'abandon de la colonne au profit des pans brisés qui confèrent une grande nervosité à cette architecture rapidement exportée vers d'autres chantiers liés à la cour pontificale ; on retrouve certaines des caractéristiques de Saint-Didier à Saint-

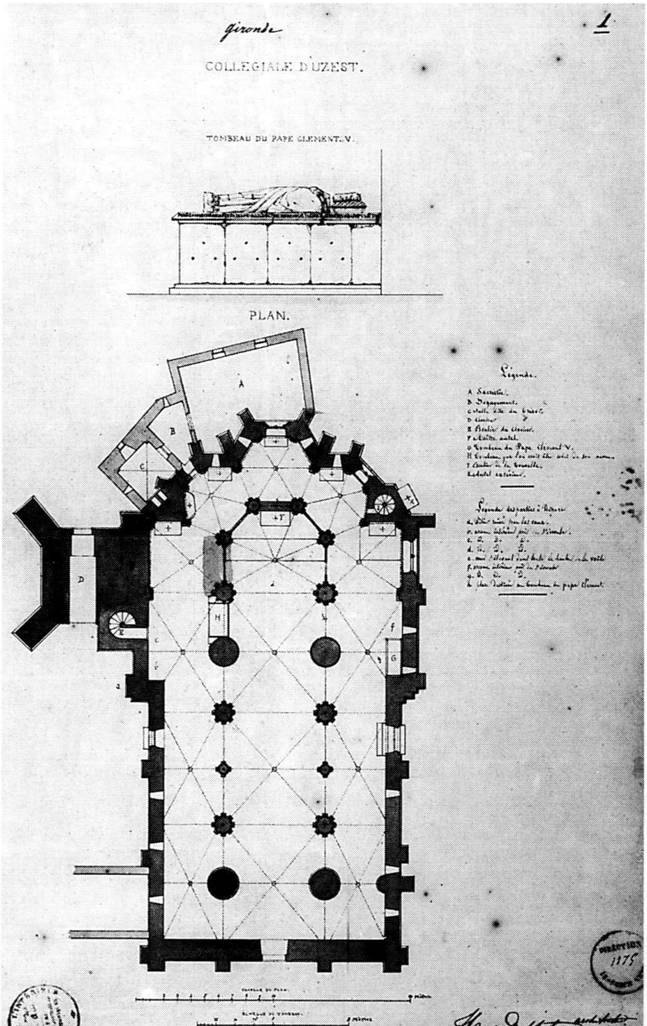

Uzeste (Gironde), église collégiale, plan surmonté de la vue en élévation du tombeau du pape Clément V.

Benoît de Montpellier construite pour le pape Urbain V entre 1364 et 1366. Ce raccourcissement spectaculaire de la durée des chantiers par rapport à ce que l'on pouvait observer au siècle précédent n'est pas simplement dû aux dimensions réduites des édifices : la précision des prix-faits, la technique du métrage d'œuvre utilisée montrent à l'évidence que la construction, soutenue par la commande pressante de l'Église était devenue une véritable industrie aux rouages parfaitement huilés.

Le mécénat pontifical en dehors d'Avignon

En dehors d'Avignon, le mécénat pontifical s'exerce tout aussi brillamment sur des édifices liés de près ou de loin à l'histoire et à la carrière des papes et des principaux membres de la Curie. Clément V, pape gyrovague, finance la reconstruction de l'église d'Uzeste (Gironde) où il sera inhumé : sur la nef du XIIIe siècle est greffé un chœur dont le plan très original, abside à cinq pans environnée de chapelles hexagonales, est desservi par une réalisation défectueuse. À Bordeaux, il fait continuer les travaux de reconstruction du chœur de la cathédrale selon un parti qui l'inscrit dans la série des édifices dits « de Jean Deschamps ». Le détail de mouluration des chapiteaux des parties hautes, réalisés bien après la mort du pape, s'apparente à celui des édifices avignonnais examinés plus haut. À Saint-Bertrand-de-Comminges, dont il finance aussi la reconstruction, c'est le parti méridional à nef unique et chapelles entre contreforts qui est adopté. Les proportions sont ici très différentes de celles d'édifices comme Albi ou les Cordeliers de Toulouse ; plus basse et plus trapue, la cathédrale de Saint-Bertrand-de-Comminges annonce la série d'églises avignonnaises que prolonge la cathédrale Saint-Siffrein de Carpentras reconstruite pour Benoît XIII à partir de 1405. Ce système de proportions, qui semble délibérément tourner le dos à l'élancement recherché par les constructeurs du XIIIe siècle, est porté à son comble à la cathédrale de Mirepoix dont la nef mesure à peine 40 mètres de long pour une lar-

Saint-Bertrand-de-Comminges (Haute-Garonne), cathédrale, voûtement de la nef.

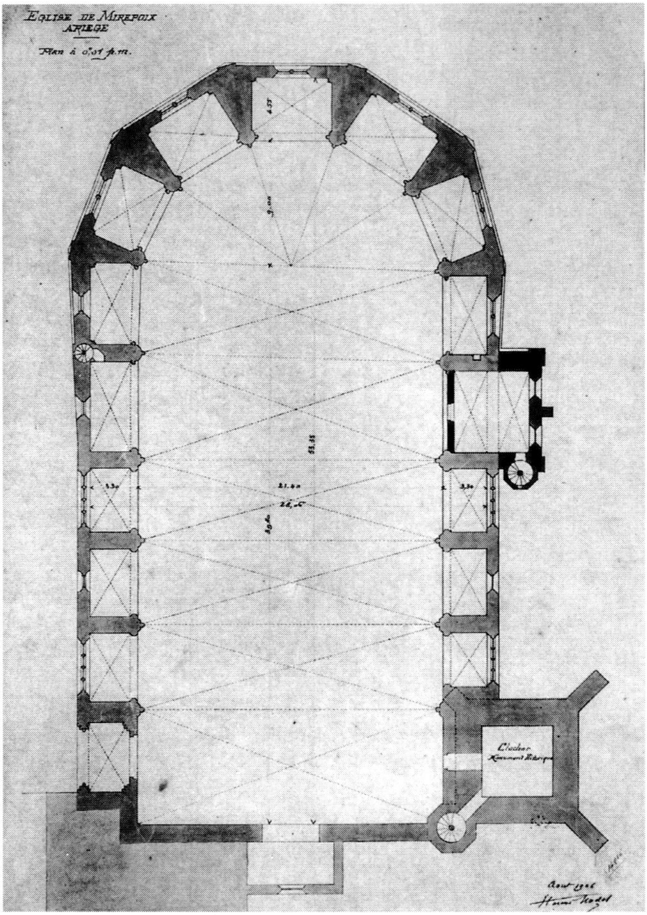

Mirepoix (Ariège), ancienne cathédrale, plan.

geur de 21,40 mètres et une hauteur que l'on peut évaluer, compte tenu des modifications successives apportées au couvrement, à moins de 20 mètres dans son parti originel. Le chœur est vraisemblablement l'œuvre de Pierre Poisson, architecte de Benoît XII qui finança la reconstruction de l'église dans les années 1340. Seuls le chœur et les chapelles rayonnantes furent construits au XIVe siècle, la guerre et la peste ayant été particulièrement dramatiques pour Mirepoix : de 2 200 feux en 1317, la population était passée à 60 en 1363. L'intérêt de cette cathédrale est de manifester clairement les choix esthétiques de son commanditaire et de refléter le goût de l'époque : création pontificale à laquelle collaborèrent les artistes les plus brillants (les clefs de voûte de la chapelle nord de la première travée de nef, celle de la chapelle d'axe et celle de la première chapelle rayonnante sud sont attribuées par Michèle Pradalier-Schlumberger au Maître de Rieux), c'est aussi le siège d'un des nouveaux évêchés créés par Jean XXII.

Un échantillonnage aléatoire : les cathédrales de Jean XXII

En 1317, Jean XXII décidait de remodeler la géographie des diocèses du midi de la France et créait dix-sept nouveaux évêchés : Castres, Saint-Flour, Tulle et Vabres en Aquitaine Ire, Condom, Luçon, Maillezais et Sarlat en Aquitaine IIe, Alet, Lavaur, Lombez, Pamiers, Mirepoix, Montauban, Rieux, Saint-Papoul et Saint-Pons-de-Thomières en Narbonnaise Ire.

Les nouveaux diocèses amputent les évêchés de Poitiers, Clermont, Rodez, Agen, Périgueux, Albi et Narbonne, mais surtout celui de Toulouse jugé trop grand et trop riche. Il est tout à fait intéressant d'examiner, comme s'il s'agissait d'un échantillonnage aléatoire, les dix-sept églises appelées à devenir les nouvelles cathédrales pour mesurer le chemin parcouru depuis l'époque où celles de Reims, d'Amiens, de Beauvais furent entreprises. Les nouvelles cathédrales sont sans exception des édifices modestes ; même les plus récemment construites, comme la collégiale Saint-Alain de Lavaur, ne pouvaient en aucune manière prétendre rivaliser avec les constructions de la fin du XIIIe siècle comme Saint-André de Bordeaux ou Saint-Étienne de Toulouse alors en chantier. Saint-Papoul est, à bien des égards, représentatif de ces nouveaux évêchés, même s'il en constitue par certains traits une caricature. L'obscurité du titulaire de l'église cathédrale, disciple de saint Saturnin, convenait à une modeste abbaye établie sur le lieu du martyre ; y avoir attaché les destinées d'un diocèse témoigne de l'arbitraire des décisions de l'administration pontificale. Aucune modification d'envergure ne fut apportée à l'église romane jusque dans les années 1340, lorsque Guillaume de Cardaillac lui fit adjoindre une chapelle funéraire en même temps qu'il faisait terminer la décoration très fruste du cloître. Alet, qui ne doit d'avoir été choisi comme siège cathédral qu'au

Saint-Papoul (Aude), ancienne cathédrale, cloître, détail.

refus des moines de Pouille de renoncer à leurs droits sur Saint-Martin de Limoux, est aussi une belle église romane. Dès 1318, on envisagea de construire un chœur à déambulatoire et chapelles rayonnantes dont seules s'élevèrent les premières assises. L'histoire de Lombez est également riche d'enseignements : son premier évêque n'est autre que l'abbé séculier, Arnaud Roger de Comminges ; le deuxième, Jacques Colonna, grand seigneur romagnol, ne passa qu'une année sur les douze de son pontificat à Lombez, dont la reconstruction est le fait des chanoines en constante opposition avec leur évêque ; la nouvelle église s'inspire des Jacobins de Toulouse à laquelle elle emprunte le parti de la double nef, imparfaitement réalisé pour d'obscures raisons. Rieux, minuscule évêché de deux cents kilomètres carrés à peine, est pourvu d'une petite mais élégante cathédrale vraisemblablement construite par son troisième évêque, Jean Tissendier, commanditaire de la fameuse chapelle de Rieux-des-Cordeliers de Toulouse et de son admirable décor sculpté. Contrairement à Jacques Colonna, Jean Tissendier est très attaché à son évêché qu'il administre pendant vingt-trois ans. La nouvelle cathédrale est une grande salle rectangulaire de trois travées couvertes de voûtes d'ogives, le seul apparat est celui de son portail et du clocher « toulousain » ajouté à l'ouest. À Lavaur, l'église Saint-Alain reconstruite en 1255 est du même type, mais le chevet plat ne convient pas à l'évêque Roger d'Armagnac qui fait établir un chœur polygonal, consacré en 1332. De Pamiers, la reconstruction du XVIIe siècle n'a laissé subsister que le clocher-mur associé à une tour octogonale, de Montauban et de Castres, il ne reste rien du XIVe siècle. Maillezais, Luçon et Sarlat durent attendre le XVe ou le XVIe siècle pour voir la reconstruction de leur chœur ; à Tulle, il semble que l'on se soit contenté de rajouter une flèche au clocher et à Condom de construire une chapelle axiale sous l'épiscopat de Bernard d'Alaman (1369-1401) ; la cathédrale de Saint-Flour, reconstruite après 1398 sous la direction de Guy de Dammartin, maître de l'œuvre de Monseigneur le duc de Berry, peut apparaître comme exceptionnellement choyée par ses évêques, il n'en est rien car cette reconstruction ne fut entreprise, avec beaucoup de difficultés que parce que l'on avait laissé s'effondrer l'ancienne église. C'est un parti basilical pour la nef, un déambulatoire et des chapelles rayonnantes pour le

Rieux (Haute-Garonne), ancienne cathédrale, portail sud.

Saint-Flour (Cantal), cathédrale, chevet.

chœur qui furent adoptés, mais là encore les proportions tassées de l'édifice l'éloignent considérablement de l'esprit des cathédrales du XIIIe siècle.

Au terme de ce recensement rapide, il apparaît clairement que la cathédrale a perdu au XIVe siècle la place éminente qu'elle occupait dans le dispositif ecclésiastique au siècle précédent, et la seule église construite par les papes d'Avignon qui puisse être comparée, par l'ambition de son projet aux cathédrales dites « de Jean Deschamps », est la grande église abbatiale de La Chaise-Dieu en Auvergne.

La Chaise-Dieu (Haute-Loire), église collégiale.

La Chaise-Dieu

Fondée par saint Robert de Turlande en 1043, l'abbaye de La Chaise-Dieu accueillit comme novice puis comme profès Pierre Roger de Beaufort. Devenu pape sous le nom de Clément VI en 1342, il entreprit dès 1344 la reconstruction de l'édifice à laquelle il ne consacra pas moins de 30 000 florins d'or jusqu'à sa mort en 1352. Grégoire XI, neveu de Pierre Roger s'efforça après 1370 d'achever l'œuvre de son oncle par la construction des tours de façade. Le maître de l'œuvre est un certain Hugues Morel, secondé par Pierre Falciat et Pierre de Cébazat. La construction commença par le chevet à l'arrière du chœur roman détruit en 1346, immédiatement après l'achèvement du chœur gothique. L'édification de la nef prit encore une dizaine d'années et fut menée en deux campagnes décelables dans des modifications de détail au niveau des quatre dernières travées occidentales ; le portail occidental était en place en 1358. C'est donc en moins de quinze ans que fut construite cette église de 75 mètres de long, 24 de large et 18,60 mètres de haut. Le parti adopté est profondément original : à l'arrière d'une façade harmonique qui souligne d'emblée les proportions tassées de l'édifice se développe une nef de neuf travées et trois vaisseaux. Le vaisseau central n'est pas plus élevé mais deux fois plus large que les collatéraux. Des piles polygonales reçoivent en pénétration les nervures de la voûte de la nef et les arcs doubleaux des collatéraux, alors que les grandes arcades, exceptionnellement larges retombent sur des chapiteaux-bandeaux traités dans l'esprit de ceux que nous avons signalés dans les édifices avignonnais. Cette structure, qui s'apparente à celle des églises-halles, s'en distingue cependant par le fait que les travées des collatéraux sont fortement cloisonnées par un extradossement du doubleau qui les sépare et joue le rôle d'un véritable arc-boutant intérieur ; il apparaît ainsi que cette nef est un savant compromis entre le parti à nef unique, avec chapelles entre les contreforts voûtés à la même hauteur que la nef, et l'église-halle, du type de celle de Schwäbisch Gmünd par Henri Parler, datée des environs de 1350. Le chœur à cinq pans est bordé d'autant de chapelles pentagonales voûtées elles aussi à la même hauteur que lui et percées de baies étroites mais très hautes, comme les travées des collatéraux. L'église a conservé son jubé et la clôture du chœur des chanoines au centre duquel se trouvait placé le tombeau de Clément VI. Les tentures de tapisserie qui surmontent les stalles ne datent que des environs de 1500, mais elles aident à comprendre l'austérité du décor architectural comme un cadre destiné à relever la splendeur du mobilier.

Le mécénat papal se doublait de celui, plus diffus, exercé par les cardinaux de la Curie : à La Romieu (*cf.* p. 100), le cardinal Arnaud d'Aux, parent et camérier de Clément V, établit en 1314 une collégiale dont l'église à nef unique et chevet polygonal est flanquée à l'est d'une tour hexagonale à vocation résidentielle. En Limousin, l'église de Saint-Germain-les-Belles (1365-1384), fondation du cardinal de Tulle Hugues Rogier, frère de Clément VI, est étonnante par l'archaïsme de sa voûte en berceau brisé et ses baies plein cintre mais à ébrasements concaves, comme ceux de la chapelle Clémentine d'Avignon. Le recensement de ces fondations reste à faire, mais on ne saurait clore ce chapitre sans évoquer quelques-unes des chapelles attenantes aux églises, construites par tous ceux qui, de près ou de loin, gravitaient autour des papes d'Avignon. Modestes par leur architecture, elles s'imposaient par la richesse de leur mobilier et de leur décor peint et sculpté. On peut, à titre d'exemple, citer la fameuse chapelle de Rieux-des-Cordeliers de Toulouse et ses grandes statues d'apôtres qui entouraient la tombe de Jean Tissendier et aux Jacobins de la même ville, celle de Saint-Antonin construite et décorée de belles peintures entre 1335 et 1441 pour Dominique Grima, ancien moine du couvent, évêque de Pamiers et maître du Sacré Palais en Avignon. Toutes deux illustrent la synergie développée par les ordres mendiants et les membres de la curie avignonnaise qui, dans une époque troublée, prirent le relais de la commande et préparèrent le renouveau du XVe siècle. À cet égard la chapelle du cardinal de la Grange, que ce prélat (mort en 1402), conseiller du roi Charles VI et bienfaiteur des Célestins d'Avignon, fit établir sur le flanc de la cathédrale d'Amiens, mérite d'être citée. Avec sa voûte à liernes et tiercerons et le grand remplage de la baie où se devinent des formes flamboyantes, elle témoigne du rôle joué par ces chapelles (comme celle de Hugues de Castillon à Saint-Bertrand-de-Comminges) dans l'élaboration du gothique flamboyant.

Amiens (Somme), cathédrale, chapelle du cardinal de Lagrange, baie.

X Capétiens et Valois, le gothique des princes de la fleur de lys

À l'occasion de l'exposition sur l'« Art au temps des rois maudits », tenue à Paris en 1998, s'est posée la question de la définition d'un style 1300 en architecture. Des réponses apportées par Anne Prache et Jean-René Gaborit, il ressort assez clairement que la différence est mince dans ce domaine entre l'acmé du règne de Saint Louis et la période de déclin relatif qui marque celui de son petit-fils Philippe le Bel. Le monument clef du règne de ce dernier, la collégiale Saint-Louis de Poissy, commencée en 1297, ne nous est connu que par des dessins du XVIIIe siè-

Poissy (Yvelines), collégiale Saint-Louis.

cle qui représentent une délicate et classique église du gothique rayonnant à nef basilicale et chœur à déambulatoire et chapelles rayonnantes ; sa seule particularité est d'être dépourvue de façade occidentale, ce qui n'est pas un choix esthétique mais fonctionnel : à l'avant de l'église était en effet situé le couvent, et la façade extérieure était en fait celle du transept ; on conserve quelques éléments du décor sculpté mis en place dans les premières années du XIVe siècle, dont la qualité indique clairement une tendance confirmée par les édifices du XIVe siècle que nous évoquerons ultérieurement. Le décor, et en particulier le décor sculpté, était en passe de prendre le pas sur l'architecture dont les lignes et les formes s'épurent comme pour mieux le mettre en valeur. À Saint-Louis de Poissy, ce décor était semble-t-il concentré dans le déambulatoire et les chapelles rayonnantes, seule partie de l'édifice accessible au public avec le transept ; la nef de huit travées, curieusement orientée au nord, et les bas-côtés étant réservés aux moniales dominicaines.

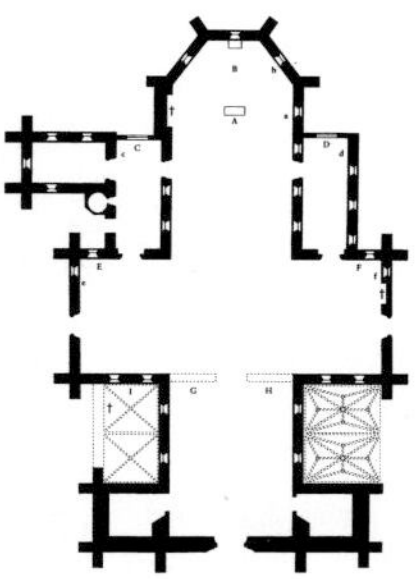

Écouis (Eure), collégiale Notre-Dame, plan.

Saint-Louis de Poissy reste extrêmement fidèle aux idéaux esthétiques du gothique de la cour de Saint Louis, il en va tout autrement d'un autre édifice lié de très près à la cour de son petit-fils, la collégiale Notre-Dame d'Écouis.

Écouis et le style sévère

Fondée en janvier 1311 par Enguerran de Marigny, le puissant ministre de Philippe le Bel, la collégiale d'Écouis était dédicacée et sans doute déjà pourvue de son décor sculpté en 1313. Dorothée Guillerman a bien montré l'importance de cette fondation, somptueusement dotée, soustraite à l'obédience épiscopale, desservie par un collège de douze chanoines et pourvue de six autels. L'église étant à la fois collégiale, paroissiale, chapelle seigneuriale et mausolée du fondateur et de sa famille, on ne peut qu'être surpris par ses dimensions modestes et son parti architectural originel indigent. Ce n'est, selon l'expression de D. Guillerman, qu'une simple « boîte » couverte d'une charpente, à la manière des plus modestes églises paroissiales de Normandie. Faut-il y voir la trace d'une sensibilité marquée au coin du franciscanisme, comme peut le suggérer la trajectoire spirituelle d'Enguerran de Mari-

Mussy-sur-Seine (Aube), église.

gny ? C'est probable, mais à la lumière de ce que nous a appris l'examen de l'architecture avignonnaise sur le goût austère des prélats contemporains dans le domaine de l'architecture religieuse, nous sommes plutôt enclins à penser que nous nous trouvons là en présence d'un édifice illustrant un changement profond de mentalité qui se traduit par une nouvelle donne esthétique. Cette impression est confirmée par l'église de Mussy-sur-Seine dans l'Aube, fondée par Guillaume de Mussy, bailli puis enquêteur royal en Champagne, qui se signale également par un très grand dépouillement confinant à la sécheresse : murs nus, piles polygonales, grandes arcades dépourvues de mouluration, élévation à deux niveaux à coursière sans garde-corps, baies sans remplage dans la nef et remplage dépourvu de tout motif lobé dans le chœur. Ces grandes « boîtes », qui semblent avoir été dépourvues de décor peint et dont les verrières gagnaient en luminosité par l'adoption de la grisaille et du jaune d'argent, indiquent clairement que les leçons des mendiants avaient porté. L'efficacité de cette architecture ne se mesurait pas seulement par son aptitude à servir la prédication et la liturgie eucharistique, elle apparaissait également particulièrement propre à mettre en valeur les éléments meubles ou immeubles, stalles, jubés, autels, reliquaires, statues et images conformes au goût du jour autant qu'aux nouvelles pratiques dévotionnelles. Le résultat est difficile à apprécier de nos jours, compte tenu de la disparition de ce mobilier, mais il serait sans aucun doute erroné d'interpréter ces nouvelles tendances comme la manifestation d'une volonté de dépouillement.

C'est donc à une sorte de « report d'investissement » sur le mobilier que l'on peut attribuer les modifications les plus sensibles de l'architecture religieuse du début du XIVᵉ siècle. On ne peut pas non plus négliger, en ces temps de laïcisation de l'art soulignée par André Chastel dans l'*Art français*, la priorité qui est alors donnée à l'architecture civile et militaire, à la construction de châteaux et d'enceintes, d'hôpitaux, comme celui de Notre-Dame de Fontenilles à Tonnerre, fondé par Marguerite de Bourgogne, veuve de Charles Iᵉʳ d'Anjou en 1293, ou de collèges, comme celui de Navarre construit entre 1309 et 1315 pour répondre aux vœux de l'épouse du roi Philippe le Bel, Jeanne de Navarre.

Chapelles royales et princières

Cette tendance ne fera que s'accentuer sous les premiers Valois. Philippe VI et Jean le Bon n'ont attaché leur nom à aucune église d'importance et Charles V, roi mécène, s'est surtout consacré à améliorer ses résidences. On lui doit cependant l'initiative de la construction de la Sainte-Chapelle de Vincennes, clairement inspirée par celle du palais de la Cité construite entre 1241 et 1245 pour Saint Louis, dont la somptuosité devait susciter de nombreuses imitations, étudiées par Inge Hacker-Sück. La Sainte-Chapelle de Paris, dont l'architecture était contrainte par les bâtiments du Palais, longue de 33 mètres et large de 10, se composait de deux chapelles superposées ; la chapelle basse surélevait de 7 mètres la chapelle haute dont les voûtes culminaient à 20 mètres de haut. La

Vincennes (Val-de-Marne), Sainte-Chapelle.

Paris, Célestins, portail.

Dijon, chartreuse de Champmol, dessin de 1686.

hardiesse de cette construction aux allures de précieuse châsse d'orfèvrerie devait fasciner les princes de l'Europe entière. Celle de Vincennes est très proche par ses dimensions de la chapelle haute de la Cité. Fondée en 1379 dans le vieux manoir de Saint Louis, sa construction ne fut réellement entreprise qu'en 1390, au sud de ce dernier, pour être abandonnée en 1405-1410. C'est un vaisseau unique de cinq travées prolongé par la travée droite du chœur et une abside à cinq pans avec deux oratoires latéraux, au nord et au sud, destinés au roi et à la reine et une annexe au nord, servant de sacristie au rez-de-chaussée et de trésor à l'étage. L'autre église attachée au souvenir de Charles V est celle des Célestins de Paris, toute proche de

Bourges, façade de la cathédrale.

l'hôtel Saint-Pol où il résidait le plus souvent ; l'église, construite entre 1365 et 1370, fut pourvue d'un portail dont des gravures de Montfaucon nous ont gardé le souvenir. Charles V et Jeanne de Bourbon y figurent en pied, adossés aux piédroits, de part et d'autre de la Vierge du tympan : ce sont peut-être les admirables portraits conservés au Louvre. Une porte du même type fut mise en place une vingtaine d'années plus tard à la chartreuse de Champmol à Dijon dont l'architecture très simple, œuvre de Drouet (ou Dreux ou André) de Dammartin, constituait le réceptacle des tombes sculptées par Claus Sluter, du retable sculpté par Jacques de Baerze et peint par Melchior Broederlam, des chaires travaillées par le charpentier Jean de Liège, et de tentures et pièces d'orfèvrerie dignes du faste de leur commanditaire, Philippe le Hardi, duc de Bourgogne. Le frère de Philippe le Hardi, Jean, duc de Berry, l'un des mécènes les plus fastueux du Moyen Âge a, quant à lui, attaché son nom à la cathédrale de Bourges où il a financé la mise en place, entre 1365 et 1370, de l'immense verrière de façade, « le Grand Housteau » de Guy de Dammartin. Guy de Dammartin, frère de Drouet qui avait été à partir de 1377 lui aussi au service du duc de Berry avant de passer à celui des ducs de Bourgogne, était depuis 1367 le maître des œuvres du duc Jean ; il est l'architecte de la Sainte-Chapelle de

Riom (Puy-de-Dôme), Sainte-Chapelle.

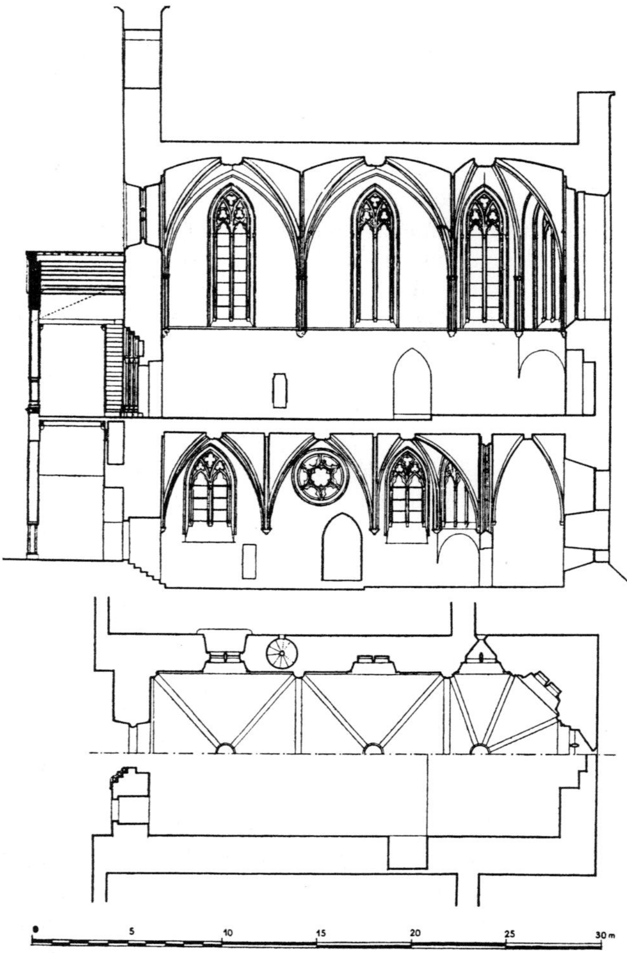

Perpignan, palais des rois de Majorque, Sainte-Chapelle, coupe Stym Poper.

Bourges, aujourd'hui détruite, assez proche, en plan, de celle de Riom, heureusement conservée. Fondée en 1382, cette dernière comportait une nef de quatre travées (celle de Bourges en comptait cinq) terminée par une abside à trois pans. La dernière travée est flanquée de deux petits oratoires pour le duc et son épouse. Les travées de la nef et les pans de l'abside ont la même largeur et sont entièrement occupées par d'immenses verrières au-dessus d'un socle assez bas. Extérieurement, les contreforts sont surmontés de simples gâbles et le portail était orné, comme à Champmol ou aux Célestins de Paris, des statues des fondateurs. La simplicité des volumes intérieurs était relevée par une lumière abondante filtrée par des verrières aux tonalités claires serties dans des remplages où apparaissent des formes à courbes et contrecourbes annonciatrices de l'art flamboyant.

Les frères du roi n'étaient pas les seuls princes à financer des constructions religieuses, ses « cousins » s'y employaient également. À Perpignan, capitale de l'éphémère royaume de Majorque, Jacques Ier fait construire une chapelle inspirée par sa structure à double étage de celle de la Cité. À l'autre extrémité du royaume, dans le duché de Bretagne farouchement indépendant, Charles de Blois suscite la construction de Notre-Dame de Guingamp, fameuse en son temps pour la somptuosité de son autel et la richesse de ses tapisseries. Après la pacification de 1365, les ducs de Bretagne de la maison de Montfort soutiennent la reconstruction des cathédrales de Tréguier, entreprise en 1339, de Saint-Brieuc, après 1354, de Nantes et de Quimper.

Les chantiers insaisissables

Les seigneurs et la bourgeoisie urbaine leur emboîtent le pas et la Bretagne connaît avant les autres régions françaises, encore plongées dans la guerre, un renouveau architectural remarquable. Les formules architecturales restent classiques pour les édifices prestigieux : la nef basilicale et le chœur à déambulatoire et chapelles rayonnantes conservent leur prestige. Les églises plus modestes ont des vaisseaux simples ou triples, mais couverts de charpentes et des chevets plats ; ce n'est que dans le remplage des baies, le décor des gâbles ou des garde-corps que l'on peut deviner une évolution du style : au triforium de Saint-Pol-de-Léon (1424-1462) ou sur la façade de Quimper (1424-1462) apparaissent des motifs flamboyants qui accompagneront les formes architecturales rudes des églises de la fin du XVe et d'une bonne partie du XVIe siècle. Christiane Prigent, qui a étudié les modalités d'exercice du mécénat ducal de Jean IV et surtout de Jean V (1399-1442), a dénombré pour cette époque *deux mille quatre cent quatre-vingt-dix* églises dans les seules limites du duché. Comme dans toute la France, beaucoup de ces églises firent l'objet de modifications d'ensemble ou de détail au cours du XIVe siècle : reconstructions partielles, aménagements, mise en place de jubés ou de tribunes, adjonction de chapelles par milliers. En cela consiste l'essentiel de l'activité architecturale déployée dans le domaine religieux au cours des derniers siècles du Moyen Âge. Le pays saigné par la peste et les guerres était saturé d'églises dont l'entretien suffisait à mobiliser l'activité créatrice. Ces chantiers insaisissables permirent que se maintienne un savoir-faire et dans ces milliers de minuscules chantiers s'élaboraient des formes nouvelles appelées à se déployer avec éclat dans la construction des grandes églises du gothique flamboyant.

Saint-Pol-de-Léon (Finistère), cathédrale, nef.

Conclusion

De 1150 à 1400, la France avait très largement rénové le « blanc manteau d'églises » dont elle s'était couverte à l'époque romane. Les maçons et les commanditaires des églises de la fin du XIIe siècle eurent-ils conscience du bouleversement qui s'opérait alors ? quels en furent les moteurs ? la pensée esthétique de Suger ? l'exigence de pauvreté apostolique de saint Bernard ? les innovations techniques ? les conditions économiques ? Tout parti pris en faveur de l'une ou de l'autre de ces réponses peut se justifier sans permettre pour autant d'éliminer les autres.

À la question que pose l'architecture du monde Plantagenêt, celle du Languedoc, des ordres mendiants, de la France capétienne ou de la papauté avignonnaise, les réponses sont du même ordre : esthétiques, religieuses, idéologiques, politiques, économiques, techniques. La vie des formes est autonome, mais elle se nourrit des facteurs de l'histoire. Ce qui apparaît incontestable au regard de ces causes secondes, c'est l'appétit de construire des églises qui a pour fondement la religiosité exacerbée de ces temps et une extraordinaire aptitude des hommes, intemporelle celle-ci, à créer des édifices qui soient aussi des œuvres d'art. Cet élan créateur dans le domaine de l'architecture est, surtout à l'époque médiévale, collectif. Les églises ne sont jamais en ces temps l'œuvre d'un seul homme ; les maîtres d'œuvre se succèdent et les maçons, charpentiers, ferronniers, verriers, peintres qui contribuent à l'ouvrage, collaborent à une œuvre collective en perpétuel devenir. On aurait tort de penser que cet inachèvement est lié à la seule démesure des immenses cathédrales alors entreprises, il suffit de se pencher sur n'importe laquelle des plus petites églises de campagne pour observer la marque de multiples campagnes de construction dont l'individualisation fait le délice des archéologues. Ce sont leurs inestimables analyses et les innombrables observations accumulées depuis près de deux siècles dans les ouvrages spécialisés et les revues savantes qui nous ont permis de tenter de proposer dans ces quelques pages une interprétation globale de l'architecture gothique, en même temps qu'elles nous interdisaient tout espoir d'en donner une vision synthétique tant soit peu objective.

Index des noms de lieux et de personnes

M

N

P

Q

R

S

T

U

V

Y

Indications bibliographiques

Outre des manuels de base, cette bibliographie propose quelques articles ou ouvrages qui nous semblent avoir renouvelé ces vingt dernières années l'histoire de l'architecture gothique sur certains points précis.

L'Art au temps des Rois Maudits, 1285-1328, catalogue d'exposition, Paris, RMN, 1998.

AHLSELL DE TOULZA Guy, « Notre-Dame du Bourg de Rabastens », *Congrès archéologique de France, Albigeois*, 1982, p. 399-414.

ANDRAULT-SCHMIDT Claude, *Limousin gothique : les édifices religieux*, Paris, Picard, 1997.

BIDEAULT Maryse, LAUTIER Claudine, *Ile-de-France gothique 1*, Paris, Picard, 1987.

BIGET Jean-Louis, « L'architecture gothique du midi toulousain », *Revue du Tarn,* 1979, p. 504-544.

BLOMME Yves, *Poitou gothique*, Paris, Picard, 1993.

– *l'Architecture gothique de la Saintonge et de l'Aunis*, Bordessoules, Saint-Jean-d'Angely, 1987.

BONDE Sheila, *Fortress churches in Languedoc, architecture, religion and conflict in the high middle ages*, Cambridge University press, 1994.

BONY Jean, « La genèse de l'architecture gothique, accident ou nécessité ? », *Revue de l'Art*, 1982, p. 9-20.

"The resistance to Chartres in early thirteeyh century", *Journal of the British archeological Association*, 1957-1958, p. 35-52.

BRANNER Robert, *Burgundian Gothic Architecture*, Londres, Zwemner Ltd, 1960.

– *la Cathédrale de Bourges et sa place dans l'histoire de l'architecture gothique*, Paris, Bourges, 1962.

BURNAND Marie-Claire, *Lorraine gothique*, Paris, Picard, 1989.

DAVIS Michael, "The choir of the cathedral of Clermont-Ferrand : the beginning of the construction and the work of Jean Deschamps", *Journal of the Society of Architectural Historians*, XI, 1981, p. 181-202.

DUBY Georges, *l'Art cistercien*, Paris, Flammarion, 1989.

DURLIAT Marcel, « La disparition du chapiteau historié au XIIIe siècle », *in le Décor des églises en France méridionale (XIIIe-mi-XVe siècle)*, Toulouse, Privat, 1993. Cahiers de Fanjeaux, 28.

– « La signification de la cathédrale de Narbonne et sa place dans l'architecture gothique », *in Narbonne, archéologie et histoire, 2 : Narbonne au Moyen Âge*, Fédération historique du Languedoc méditerranéen et du Roussillon, Montpellier, 1973, p. 209-216.

– « Les attributions de l'architecte à Toulouse au début du XIVe siècle », *Pallas*, 1962, XI, p. 205-212.

ERLANDE-BRANDENBURG Alain, *l'Art gothique*, Paris, Mazenod-Citadelles, 1998.

– *le Siècle des cathédrales*, Paris, Gallimard, L'Univers des Formes, 1989.

– *la Conquête de l'Europe*, Paris, Gallimard, L'Univers des Formes, 1989.
– *la Cathédrale*, Paris, Fayard, 1989.
ERLANDE-BRANDENBURG Alain, MÉREL-BRANDENBURG Bénédicte, *Histoire de l'architecture française du Moyen Âge à la Renaissance, IVe siècle, début du XVIe siècle*, Paris, Mengès-CNMHS, 1996.
FREIGANG Christian, « Jean Deschamps et le Midi », *Bulletin monumental*, 1991, 149-III, p. 265-298.
GARDELLES Jacques, *Aquitaine gothique*, Paris, Picard, 1992.
GIRARD Alain, *l'Aventure gothique entre Pont-Saint-Esprit et Avignon, du XIIIe au XVe siècle*, Aix-en-Provence, Édisud, 1996.
GUILLERMAN Dorothy W., *Enguerran de Marigny and the church of Notre-Dame at Ecouis*, University Park-Pensylvania State/University Press, 1994.
HACKER-SÜCK Inge, « La Sainte-Chapelle de Paris et les chapelles palatines du Moyen Âge en France », *Cahiers archéologiques*, 1962, XIII, p. 217-257.
JAMES John, *Chartres : les constructeurs*, Chartres, Société archéologique d'Eure-et-Loir, 1977.
– "The Templates Makers of the Paris Basin", *West Grinstead Publishing*, Australia, 1989.
KIMPEL Dieter, SUCKALE Robert, *l'Architecture gothique en France, 1130-1270*, Munich, 1985.
KURMANN Pieter, *la Façade de la cathédrale de Reims, architecture, sculpture, portails. Étude archéologique et stylistique*, Paris, CNRS ; Lausanne, Payot, 1987.
MICHLER Jürgen, « La cathédrale Notre-Dame de Chartres : reconstitution de la polychromie originale de l'intérieur », *Bulletin monumental*, 1989, 147-II, p. 117-131.
MURRAY Stephen, ADDISS James, "Plan and space at Amiens Cathedral with a new plan drawn by James Addiss", *Journal of the Society of Architectural Historians*, XLIX, mars 1990, p. 44-66.
MUSSAT André, *le Style gothique de l'Ouest de la France*, Paris, Picard, 1963.
PAUL Vivian, « Le problème de la nef unique XIIIe siècle », *in la Naissance et l'essor du gothique méridional*, Toulouse, Privat, 1974. Cahiers de Fanjeaux, 9.
PLAGNIEUX Philippe, « L'abbatiale Saint-Germain-des-Prés et les débuts de l'architecture gothique », *Bulletin monumental*, 158-1, 2000, p. 1-86.
– « Les arcs-boutants du XIIe siècle de l'église de Domont », *Bulletin monumental*, 150-III, 1992, p. 209-222.
PRADALIER-SCHLUMBERGER Michèle, *Toulouse et le Languedoc : la sculpture gothique (XIIIe-XIVe siècles)*, Toulouse, Presses Universitaires du Mirail, 1998.
PRIGENT Christiane, *Pouvoir ducal et production artistique en Basse-Bretagne (1350-1575)*, Paris, Maisonneuve et Larose, 1992.
RAVAUX Jean-Pierre, « Les campagnes de construction de la cathédrale de Reims au XIIIe siècle », *Bulletin monumental*, 1979, 137-I, p. 7-66.
RECHT Roland (sous la dir. de), *les Bâtisseurs des cathédrales gothiques*, Strasbourg, Éditions des musées de la ville de Strasbourg, 1989.
REY Raymond, *l'Art gothique du Midi de la France*, Paris, Laurens, 1934.
ROBIN Françoise, *Midi gothique*, Paris, Picard, 1999.
RUDOLPH Conrad, *Artistic Change at Saint Denis. Abbot Suger's Program and the early Twelth Century Controversy on Art*, Princeton, Essays on Art, 1990.
SABATINO LOPEZ Roberto, « Économie et architecture médiévale, cela aurait-il tué ceci ? », *Annales Économie, Société, Civilisation*, 1952, 4, p. 433-438.
SANDRON Dany, *la cathédrale de Soissons, architecture et pouvoir*, Paris, Picard, 1998.

CRÉDIT PHOTOGRAPHIQUE

Les documents qui ne sont pas mentionnés ci-dessous sont issus de la collection personnelle de l'auteur.

P. 10, plan de la cité de Paris, par Jean de la Caille, 1714 – p. 12, plan du couvent des dominicains, Draguignan, planche 1 in *Gallia dominicano* – p. 13, Saint-Martin de Tours, in *Guide du patrimoine. Centre-Val-de-Loire,* © Hachette Livre, Guides bleus, 1988, cartographes René Pineau et Alain Mirande – p. 14, chartreuse Notre-Dame-du-Val-de-Bénédiction, in *Maison de l'ordre des chartreux*, Montreuil-Tournai, 1913 – p. 17, © CMN – p. 18, © CMN – p. 22, © CMN – p. 23, dessin de Viollet-le-Duc, in *Dictionnaire raisonné de l'architecture française* (10 vol.), Paris, 1867-1868 – p. 25, Valmagne, abbaye, relevé de H. Nodet, 1897 – p. 27, chœur de Saint-Denis, photo J.-L. Charmet, © Gallimard, Bibliothèque de la Sorbonne, Paris, in *le Temps des cathédrales*, Paris, Gallimard, « L'Univers des formes », 1989 – p. 33, dessin de Viollet-le-Duc – p. 40, © CMN – p. 42, © CMN – p. 43 (haut), © CMN – p. 44, © CMN – p. 45, Notre-Dame de Laon, dessin de Marie Patricia Raynaud, © Archives Gallimard, in *le Temps des cathédrales*, *op. cit.* – p. 48 (haut), abbatiale Saint-Remi, photo J.-L. Charmet, © Gallimard, Bibliothèque de la Sorbonne, Paris, in *le Temps des cathédrales*, *op. cit.* – (bas), dessin de Viollet-le-Duc – p. 49, © CMN – p. 63 (haut et bas), dessins de Blomme, DR – p. 64, © CMN – p. 68 (gauche), cathédrale Notre-Dame, Reims, dessin de Marie Patricia Raynaud, © Archives Gallimard, in *le Temps des cathédrales*, *op. cit.* – p. 69, © CMN – p. 71 © CMN – p. 72, croquis schématique de Stephen Murray, DR – p. 74, plan de Sauvageot, 1897 – p. 75, © CMN – p. 77 (haut), plan d'après Nodet, 1899 – p. 81, © CMN – p. 85, © CMN – p. 87 (haut), © CMN – p. 90, © CMN – p. 91 (haut), © CMN – p. 92-93, dessins de Viollet-le-Duc – p. 97 (bas), Notre-Dame-du-Bourg, plan de Guy Ahlsell de Toulza, DR – p. 98, *ibid.* – p. 100, Beaumont de Lomagne, rel. B. Brossard, 1980, © Inventaire général ADAGP– (bas), dessin de Viollet-le-Duc – p. 103, © CMN – p. 105 (haut), plan d'après Raymond Rey, 1937 – p. 106, © CMN – p. 107 (bas), © CMN – p. 109 (haut), © CMN – p. 111, © CMN – p. 112 (bas), © CMN – p. 113, © CMN – p. 114, © CMN – p. 116, © CMN – p. 122, dessin de l'agence J. H. Mansart, après 1635, BN c.d. E. – p. 123, plan de Dorothy W. Guillerman, DR – p. 124, © CMN – p. 125, © CMN – p. 126 (haut), Célestins, dessin de Montfaucon – (gauche) chartreuse de Champmol, dessin d'Aimé Piron, 1686 – p. 127, © CMN – p. 128, Sainte-Chapelle, coupe Stym Poper, Durliat, médiathèque du patrimoine.

REMPART, union d'associations de sauvegarde du patrimoine

REMPART regroupe et unit depuis 1966 des associations locales qui œuvrent en faveur du patrimoine. Elles sont aujourd'hui cent cinquante et constituent un large réseau. Sans leur intervention et celle de milliers de bénévoles qui participent chaque année aux chantiers de restauration et d'archéologie*, des centaines de sites seraient tombés dans l'oubli.

L'intervention de REMPART ne se limite pas à la sauvegarde, la valorisation et la réhabilitation du patrimoine. Le mouvement s'emploie à former des individus aux techniques de restauration et à diffuser la connaissance et la découverte du patrimoine.

C'est ainsi que, pour répondre aux questions des bénévoles, André Châtelain, président d'honneur de Rempart, a créé la collection « Patrimoine vivant » en 1983.

Desclée de Brouwer s'est associé à l'initiative éditoriale de REMPART dès 1991 et contribue à sa fabrication et à sa diffusion.

---

* Le catalogue des chantiers et des stages est envoyé sur simple demande à :

REMPART
1, rue des Guillemites, 75004 Paris
Tél. : 01 42 71 96 55

Fabrication
Trans faire

SA TRANSFAIRE
F-04250 Turriers, 04 92 55 18 14

Impression et façonnage : imprimerie France Quercy, Cahors
Dépôt légal – 02595, novembre 2000